中国经济文库
应用经济学精品系列

中国经济文库 · 应用经济学精品系列（二）

劳动力市场分割背景下的家庭高等教育决策

林菁璐◎著

Labor Market Segmentation and Family's Decision-Making of Higher Education

中国经济出版社
CHINA ECONOMIC PUBLISHING HOUSE
北京

图书在版编目（CIP）数据

劳动力市场分割背景下的家庭高等教育决策／林菁璐著．
—北京：中国经济出版社，2019.5
ISBN 978-7-5136-5690-0
Ⅰ.①劳… Ⅱ.①林… Ⅲ.①劳动力市场—影响—高等
教育—研究—中国 Ⅳ.①F429.212 ②G649.2
中国版本图书馆 CIP 数据核字（2019）第 082343 号

责任编辑 孙晓霞
责任印制 马小宾
封面设计 华子设计

出版发行 中国经济出版社
印 刷 者 北京九州迅驰传媒文化有限公司
经 销 者 各地新华书店
开　　本 710mm×1000mm 1/16
印　　张 11
字　　数 130 千字
版　　次 2019 年 5 月第 1 版
印　　次 2019 年 5 月第 1 次
定　　价 48.00 元
广告经营许可证 京西工商广字第 8179 号

中国经济出版社 **网址** www.economyph.com **社址** 北京市西城区百万庄北街 3 号 **邮编** 100037
本版图书如存在印装质量问题，请与本社发行中心联系调换（联系电话：010-68330607）

前言 PREFACE

教育，尤其是高等教育，除了是人类获取知识、进行人力资本投资的重要渠道，还承载着低收入居民实现“阶层逆袭”的梦想，故而，在中国早有“学而优则仕”之说。然而，当我们考查中国现阶段教育发展的成效时发现，教育作为实现社会生活环境改善的桥梁作用似乎正在逐渐减退。一方面，随着“教育产业化”与“高校扩招”的推进，教育成本大幅攀升，经济资本的区隔作用不断加强，处于不同收入群体的人将因此获得不同水平与质量的教育机会；另一方面，由于掌握了更优质的社会资本，高收入群体往往能更好地利用教育成果，找到“体面”的工作。从这个角度来看，教育正逐步沦为“马泰效应”的有力推手。一个稳定的社会，各收入群体的分布是呈“橄榄型”的，低收入群体民众应该具有向中高收入群体提升的可能，而教育是收入提升的最重要途径。如果教育不能承担打破阶层固化的重任，那么不仅“寒门难出贵子”，甚至会扼杀底层民众努力奋斗的动力。因而，低收入民众就不会愿意进行教育投资以培养“贵子”，社会就会成为一个“哑铃型”的结构，这种结构无疑对社会的长治久安是不利的。对这一问题的担忧与思索，成为本书的研究动机。

本书把社会资本作为劳动力市场分割影响家庭高等教育决策的

媒介，将宏观层面的劳动力市场分割与微观层面家庭的教育成本——收益分析纳入同一个模型，分析了劳动力市场分割如何影响了家庭高等教育决策，尤其是低收入家庭的决策；并以此为基础分析了劳动力市场分割、高校扩招、助学贷款对不同收入家庭教育决策的影响。具体而言，本书研究的主要内容和结论如下：

首先，本书借助 Mincer 方程，通过测度人力资本投资在主要、次要劳动力市场的收益差距来衡量劳动力市场的分割程度，测度的结果是:我国的劳动力市场存在比较显著的主要、次要市场的差异。接下来，通过对经济发展水平不同的区域劳动力市场分割指数的比较发现，劳动力市场分割程度、市场化水平与经济发展之间存在着一定的联系：劳动力市场分割的程度随着经济发展水平的提升而减弱；随着市场化水平的提升，主要、次要劳动力市场之间的分割程度逐渐减弱。这一发现的意义在于：一旦打破了主要、次要劳动力市场之间的壁垒，不仅能够促进劳动力的更合理配置，还可能因此带来经济发展水平的进一步提升。

其次，本书通过研究发现，由于社会资本的作用，劳动力市场分割的存在，使高校（尤其是好学校）接收了更多高收入家庭子女的同时挤出了一部分低收入家庭子女，而且两相比较，被挤出的低收入家庭子女拥有更高的人力资本。不仅如此，劳动力市场的分割更多地损害了低收入家庭的福利——正是因为没有掌握足够的社会资本，不能确保下一代获得主要劳动力市场中“正式”“体面”的工作，低收入家庭的决策往往是不支持子女接受高等教育，由此造成子女受教育水平普遍偏低，实现“通过接受教育，实现收入提高逆袭”的希望就更加渺茫。这种恶性循环，会成为社会阶层固化的有力推手。

最后，本书的实证研究（通过建立家庭高等教育决策的 Logit 模型进行）发现：家庭掌握社会资本的多少对家庭高等教育决策存在显著影响，而在对不同学历水平的影响中，对高中和大专（或本科）之间或大专和本科之间的教育决策的影响最大。另外，社会资本对家庭教育决策的影响在劳动力市场分割严重的地区更为显著。

因此，打破劳动力市场的分割，对于促进低收入家庭的教育投资，防止社会阶层固化具有重要的意义。

目录 CONTENTS

1 导论 / 1

1.1 选题背景 / 1

1.2 研究目的和意义 / 5

1.3 基本概念与假设前提 / 7

1.4 研究框架 / 12

1.5 本书的创新点和不足 / 19

2 文献综述 / 21

2.1 高等教育决策理论综述 / 21

2.2 劳动力市场分割理论综述 / 31

2.3 劳动力市场分割与高等教育 / 52

2.4 社会资本理论 / 55

2.5 本章小结 / 57

3 家庭高等教育决策的影响因素/ 58

3.1 导言/ 58

3.2 家庭高等教育决策的影响因素/ 58

3.3 教育回报率的影响/ 67

3.4 劳动力市场分割对教育回报率的影响/ 72

3.5 本章小结/ 77

4 理论模型/ 78

4.1 导言/ 78

4.2 经典模型——明瑟模型/ 78

4.3 理论模型/ 80

4.4 模型的应用/ 90

4.5 本章小结/ 102

5 劳动力市场分割指数的测定/ 103

5.1 导言/ 103

5.2 劳动力市场分割指数的测定/ 103

5.3 劳动力市场分割指数测定结果/ 110

5.4 本章小结/ 119

6 实证研究/ 121

6.1 导言/ 121

6.2 实证模型/ 121

6.3 实证结果/ 128

6.4 本章小结/ 134

7 研究结论与政策建议/ 135

7.1 研究结论/ 135

7.2 政策建议/ 137

参考文献/ 143

致 谢/ 162

若为奇迹，一切证据皆可为之，但若为事实，则必证明之。

——马克·吐温

1　导论

1.1　选题背景

古往今来，就业都是受教育者完成教育之后的重要选择。教育与市场之间的关系正是通过教育与人才市场、劳动力市场之间的紧密联系得到体现。时代的发展和科技的进步对劳动者的素质提出了越来越高的要求，高等教育不仅能够提供宽口径的基础性教育，还能够为就业市场培养潜在劳动力——高校毕业生进入劳动力市场成为最重要的生产要素之一。从这个角度来讲，高等教育机构也可算作劳动力供给方。市场机制是配置生产要素最主要的方式，正是它主导着高等教育机构与企业的供求变化。劳动力市场中供求关系的现状及其变化，不仅影响现有高校毕业生的就业，也必然影响即将进入高等教育机构接受高等教育的潜在大学生，对于潜在大学生而言，劳动力市场的变动是影响其高等教育决策的重要信号。所以，以劳动力市场为背景，研究家庭高等教育投资行为具有重要的现实意义。

从另一个维度看，通过教育实现社会阶层之间的流动，在中国古已有之。在中国传统社会中，“学而优则仕”既是科举制度下通过教育实现阶层之间流动的途径，亦是对教育收益的良好预期。在“学而优则仕”下，“学”具有提高收入与提升社会阶层的双重作用，因而成为低层居民通往更高社会阶层——“仕”的手段或桥梁。这种桥梁也是底层社会居民改变生存状况的一种制度化途径。从这个意义说，改革开放之后的高考制度所起的作用与科举制度并没有本质的区别。

然而，当考察中国现阶段教育发展的绩效时，我们发现，教育的这种双重作用似乎正在递减，甚至消失。与通过教育提升劳动者人力资本的初衷不一致的是，教育正在成为“马太效应”的有力推手：那些能力越强、家庭背景越优越的个体，越有可能获得更多更优质的教育，同时也越能够从教育中获取更多的经济收益。与此相反，底层民众不仅无法获得更好的教育，也很难从教育中获得经济收益。“从高校入学率来看，根据有关专家的统计，2000 年以来，农村学生上大学的比例已经上升至新生人数的 60%。在总体入学率不断提高的同时，弱势群体子女不能进入层次较高、质量较好的名牌大学就读，不能选择社会声望较高、就业前景较好的专业学习，以至于进入 985 和 211 重点大学的比例不升反降。以北大为例，2000—2010 年农村新生仅 10%，到 2013 年依靠国家贫困地区每年 3 万个重点大学照顾名额，北大农村新生比例升至 14.2%，而 20 世纪 80—90 年代这一比例是 30%。”①

一方面，随着“教育产业化”与“高校扩招”的推进，教育成本大幅攀升，经济资本的区隔作用不断加强，不同收入层级的人会因此获得不同水平与质量的受教育机会；另一方面，“高校扩招”强化

① www.sohu.com/a/1147451_101042.

了精英主义在各个职业之中的渗透，进一步提升了教育资格的重要性，抬高了行业准入标准，由此更加不利于低阶层人群的向上流动。从这个角度来讲，教育亦具有“马太效应”：处于更高社会层级、拥有更多社会资本和文化资本的人，往往能够获得更多且更优质的教育，由此获得更多地向更高社会层级流动的机会。

从1999年高校扩招至今，我国高等教育一直保持快速增长的势头。扩招以来，高校的数量迅速增加，仅1988—2004年就由1022所增加至2236所（含成人高等学校）。1999年开始，高中毕业生数、高校招生人数、入学率都在飞速增长。其中，1999年普通高等教育招生达154.86万人，这一数字是1998年的1.43倍。到了2012年，普通高等学校招生规模达到688.8万人。1999—2012年，我国的高等教育入学率达到79%，是恢复高考以来到1998年这段时期的近3倍。[①] 因此，有学者将这段时期的高等教育发展定义为“大跃进”式。大学门槛的降低给了更多人接受高等教育的机会，这对提高我国人口平均素质来说无疑是有利的。但与此同时，劳动力的需求并没能保持与大学毕业生供给的同步增长，最终造成了大学毕业生就业难的问题。为了解决就业问题，很多大学生往往选择读研以延缓就业或期望未来占据更有利的地位，结果是高学历人才大量增加，从而进一步导致部分岗位、职业或地区的劳动力供过于求，从而迫使用人单位不断提高岗位的学历要求，形成学历高消费现象。从整个劳动力市场的配置效果来看，用人单位与劳动者双方都不尽满意：用人单位对劳动者的学历要求虽然水涨船高，但高学历与高能力的不对等往往使他们不能招聘到合适的劳动者；对于大学毕业生而言，他们的就业水

① 数据来自中华人民共和国教育部网站 http://www.moe.gov.cn/。

平和就业质量，都未能达到其心理期望值。

与此相伴随的是，尽管改革开放以来，随着市场机制的日趋完善，我国的教育回报率呈不断上升的变化趋势（改革开放是一个节点，在此之前教育回报率长期小于零；而在近几年，教育回报率一直攀升并维持在10%左右①）。然而并非所有的接受教育者都由此受益——低收入家庭的子女，其教育回报率并未同整体教育回报率那样趋于增长，也因此，低收入家庭往往不愿意进行教育投资，使子女接受高中及以上的学校教育，由此导致了较低的教育水平。较低的教育水平使低收入家庭的子女无法依靠教育实现社会阶层的向上流动——教育无法起到“社会平等器”的作用。另外，对低收入家庭的子女而言，即使接受了高中及以上的后义务教育，由于劳动力市场分割的存在，如果没有足够的社会资本，他们也很难利用教育的成果，找到令人满意的工作岗位就业，因而无法实现收入水平的大幅提高。

因此，在劳动力市场存在分割的背景下，研究家庭，作为决策主体，如何决定是否投资于子女的高等教育具有重要的现实意义。探讨由家庭背景决定的社会资本对家庭高等教育决策的影响，有助于从代际传递的角度进一步理解劳动力市场分割带来的更深远的负面影响，还有助于政策制定者制定出行之有效的改革措施。故而，关于“劳动力市场分割对家庭高等教育决策的影响”的研究，在教育学领域和经济学领域，都有其存在的重要意义。

① 如Zhang，Zhao，Park and Song（2005）估算出中国城市地区2000年和2001年的教育回报率分别为10.1%和10.2%，丁小浩、余秋梅和于洪霞（2012）估算出中国城镇居民2002年、2004年、2006年、2008年、2009年的教育回报率分别为9.7%、10.5%、10.2%、10.3%、10.3%。

1.2 研究目的和意义

本研究拟在借鉴和吸收国内外现有研究成果的基础上，以劳动力市场分割为背景，充分考虑社会资本对劳动者进入主要劳动力市场工作的推动作用，进而对家庭决定是否接受高等教育这一决策产生的影响，通过理论分析与实证分析有机结合的研究方法，对家庭高等教育投资决策影响因素、家庭高等教育投资决策模型，以及助学贷款、高校扩招等政策影响进行深入研究，为国家制定引导低收入家庭高等教育投资方向、促进高等教育公平、消除劳动力市场壁垒、打通低收入家庭子女向上的流动通道等方面提供意见和建议。

本研究将社会资本纳入分析的范畴，从“理性经济人”的角度出发，对劳动力市场分割对不同收入水平家庭的教育投资决策产生的影响进行研究，具有重要的理论和现实意义。

首先，本研究以家庭作为高等教育投资决策的主体，既贴近中国的现实情况，创新了研究视角。尽管20世纪90年代我国进行教育体制改革以来，教育投资分担机制逐步建立起来，但目前家庭仍旧是高等教育成本最主要的承担者。不仅如此，对于居民家庭收入而言，高等教育投资占据了相当大的比重，尤其是对一些低收入家庭来说，高等教育投资甚至远远超出了家庭支付能力。对于任何一个家庭，子女的高等教育问题，都是事关子女前途以及家庭未来的头等大事。因此，决策者通常不是子女本人，而是家庭中掌握经济命脉的家长或是睿智有远见的长者。虽然家庭高等教育投资决策主体可能受到有限理性、对子女接受高等教育的不同诉求、不同决策风格等因素的影响，但是对是否接受高等教育这一问题，对他们影响最大的仍旧是对接受高等教育的成本—收益分析。本研究将转变家庭教育投资决策研究的视角，重点关注不同收入水平的家庭高等教育投资的收益，以及劳动力市场分割对其产生的影响，这一视角也更为贴近现实。

其次，本研究有助于合理配置高等教育资源，提高高等教育层面的公平。据统计，扩招以来我国高等学校的数量由 1998 年的 1022 所增加至 2017 年的 2914 所（含成人高等学校）。而我国高校的在校生数 2016 年也达到了 2894 万人之多。[①] 高等教育的迅速扩张，可见一斑。然而，在高等教育普及化、大众化的进程中，高校扩招为不同家庭背景的人提供了不尽公平的接受高等教育的机会。换言之，高校扩招的最大受益者是高收入家庭的子女。面对社会经济发展以及社会和家庭对高等教育需求的膨胀，有限的高等教育资源事实上并没有得到最为有效的配置和最为合理的利用。鉴于此，对高等教育的家庭投资行为进行全面分析，探究影响决策过程的制度因素、市场因素显得尤为重要。在此基础上，制定相应政策措施来促进家庭进行理智的高等教育决策，从而合理配置高等教育资源，提升高等教育公平。

最后，本研究有助于推动我国劳动力市场制度的改革，高效利用劳动力资源。中国经济的高速增长，举世瞩目。而这高速增长的背后，得益于我国丰富的劳动力资源提供的强有力的支撑。随着“人口红利”的逐渐减少直至消失，经济的发展对劳动力资源的配置提出了更高的要求。在知识经济条件下，劳动力资源，尤其是人才资源的生产主要依靠高等教育，但现实情况是，教育和劳动力市场的发展不平衡，导致教育与市场需求不匹配，以及劳动力资源的低效配置。研究我国高等教育投资模式，以及影响家庭决策的制度因素和市场

---

① 数据来自中华人民共和国教育部网站 http://www.moe.gov.cn/s78/A03/moe_560/jytjsj_2016/。

因素，促使高等教育和市场需求的有机结合，能有效地提高劳动力市场的市场化程度，合理配置劳动力资源，最终实现劳动力资源的有效利用。

1.3 基本概念与假设前提

1.3.1 基本概念

（1）家庭高等教育投资决策

关于家庭高等教育投资，闵维方给出了这样的定义——家庭从提高家庭人力资本存量和优化人力资本结构出发，将一定资源（如货币成本）投入高等教育，其目的在于帮助家庭成员形成专业性人力资本，获取更高的投资收益。显而易见，家庭高等教育投资针对的是较高层次的人力资本。

人们在接受教育的过程中，需要承担一定的物质成本和时间，在获得精神满足感的同时，其目的更多地在于未来的收益。本书将家庭付出人力、物力、财力，以帮助家庭成员完成高等教育的行为，看作一种投资活动。在本书的研究中，高等教育，指的是高中毕业之后，参加工作之前所接受的普通大学教育和研究生教育等，其中核心部分是本科阶段的教育。

家庭高等教育投资，在本书中被定义为，为家庭中经济未独立子女完成高等教育，而由整个家庭支付的人力、物力、财力等资源，及其货币表现。在本书的研究中，将“家庭”按照经济收入主要分为中高收入家庭与低收入家庭，按照一般的逻辑，家庭收入的高低与家庭掌握的社会资本呈正相关关系。

家庭高等教育的投资目的，与其他投资相同，都是为了实现效益的最大化。家庭在这一目标指导下，对子女未来一定时期内高等教育投资活动的方向、内容及方式进行选择或调整。其内涵包括：①家庭是决策的主体，但具体的决策是由家庭的代表——睿智或德高望重的家长做出的；②家庭高等教育投资决策是为了达到确定的目标，即对个体进行投资的最优化；③家庭高等教育投资决策是从多种方案中做出的选择，这一决策过程是在若干方案中比较的结果；④家庭高等教育投资决策是面向未来的决策，正确决策的前提是依据现有已知条件进行科学的预测。

（2）劳动力市场分割

劳动力市场在要素市场及整个市场体系中占有基础性地位，因为它是生产要素中“人”的因素，充当连接其他要素市场的纽带，更是经济学研究的起点和归宿。劳动力的特殊性在于：劳动者既是追求“利润最大化”的生产者，又是希望实现“效用最大化”的消费者；既是“理性的经济人”，又是受到各种习俗约束的“社会人”。劳动力市场正是在市场经济条件下对劳动力这种最为重要、最为特殊的生产性资源进行有效配置的根本手段。然而受到制度、组织、习俗包括社会歧视影响的劳动力市场，并不如新古典经济学假设的一般是个统一而同质的市场。如果将整个劳动力市场按照雇佣特征、报酬特征以及劳动力配置方式做出划分，劳动力市场可以被分为两个部分：主要和次要劳动力市场（也有学者将其定义为正式和非正式劳动力市场）。在企业、行业或职业层面，均可能形成主要劳动力市场，处于主要劳动力市场的企业内部制度完善，劳动力队伍稳定，劳动力流动率低，劳动者报酬丰厚：企业设置有合理的培训体系、完整的晋升阶梯，工资通常并不遵循新古典的边际原则，而是由劳动者在内部阶梯中所处的相对位置来决定。而处于次要劳动力市场的通常是那些处于激烈的低水平同质竞争状态下、生产劳动密集型产品、竞争力较弱的小企业，由于经济实力的欠缺，他们没有能力建立内部劳动力市场，内部管理缺乏规范的制度和完善的晋升通道；而处于次要劳动力市场的劳动者工资比主要劳动力市场的工资低，也少有升迁机会。

主要劳动力市场和次要劳动力市场不仅在雇佣特征、报酬特征和劳动力配置方式上存在差异，还在工作要求和培训机制上存在差异，因而，劳动者的不良行为特征在其中会不断得到强化，尤其是长期居于其中，劳动者将逐渐养成缺乏合作精神、不愿承担责任、没有学习动力甚至懒惰等习惯。这些习惯的养成进一步缩小了劳动者进入主要劳动力市场的可能性，因为它们刚好与主要劳动力市场的要求背道而驰。一旦恶性循环形成，劳动者们甚至根本无法进入主要劳动力市场，更遑论摆脱社会底层的地位。

对所有劳动者来说，获取主要劳动力市场的职位是其追求的方向，然而劳动者的追求却受到诸多因素的制约，其中首要的就是制度约束，需求方的歧视也“功不可没”。被主要劳动力市场拒绝的劳动者，只能退而求其次，在次要劳动力市场中寻求工作岗位。在本书的研究中，能否获取主要劳动力市场的工作机会，不仅取决于劳动者自身的能力，即人力资本存量，还取决于劳动者所在家庭占有的社会资本的多寡。一般而言，收入水平较高的家庭，占有的社会资本也较多，其子女在择业时也有更大可能进入主要劳动力市场，获得“正式”的工作。

(3) 社会资本

“社会资本”的概念，最早在1980年由法国社会学家皮埃尔·布迪厄正式提出。他把社会资本定义为蕴藏在社会关系网络中的社会资源，拥有并开发和利用这一资源，可以扩大或增强个人或组织的行为效力。

社会资本是个人的重要资源之一，它是物质与精力投资的产物，包括社会网络以及社会网络所附带的信息、声望、权力等，其中蕴含着社会性的能量，是个体主动突破社会结构制约的能力的体现，这是社会资本与其他资本最为显著的不同之处。

个体对社会资本的利用，大致可以分为两个层面：一方面，个体如何投资于社会资本，不仅包括个体如何在社会关系中进行投资，还包括个体为了获得回报，如何获取嵌入社会网络中的资源；另一方面，个体如何使用社会资本获取回报并保持所得。

在本书的研究中，作为劳动力市场分割对家庭高等教育决策的重要影响因素，更强调社会资本作为家庭占有的资源存量方面的意义，而不考虑家庭掌握该资源的途径所需的投资。因此，社会资本被定义为：在目的性行动中被获取的、存在于社会结构中的、与个体有紧密关系的他人提供的资源。个人或家庭掌握的社会资本数量的多寡、质量的优劣，往往与家庭的收入水平、所处的社会阶层息息相关。

社会资本能够显著影响劳动者在劳动力市场中的结果，源于以下因素，其具有一定的收入效应：首先，劳动力市场并非完全竞争，也非完全信息，这给了社会资本发挥作用的机会——劳动者储备的社会资本通常对其获取充分市场信息的能力起到很大影响，从而影响整个劳动力市场“人岗匹配”的效率；其次，劳动市场中的雇员和雇主，并不完全符合“理性经济人”的假设，他们也是“社会人”，不是简单地计算经济成本与收益，而是根据习俗与经验进行决策，社会资本中所包含的信任、人情和社会网络等要素就会左右人们的行为。此外，社会资本从某种角度上讲还有助于提升劳动者的劳动技能进而影响其经济收入。劳动者掌握的社会资本能够决定其职业地位——即使在相同职业中，拥有更多更优质社会资本的劳动者也能够获取更多有关雇主的信息，并能够利用它们扩大职业选择空间、增加晋升机会、提高对工资讨价还价的能力。

1.3.2 基本假设

（1）家庭高等教育投资决策者是“理性经济人”

新古典经济学最基本的假设之一——“理性经济人”假设，认为每个人的行为都是有目的的，其终极目标就是自身效益的最大化。立足于此的传统微观经济学决策理论认为，决策是完全理性的。在以下3个假设前提下——备选方案是固定的并且数量有限、结果的概率分布明确、决策目标为期望效用最大，决策者可以做出“完全理性”的决策：决策者无须任何成本地收集到全面的信息并且能够对信息做出完美的处理，因而能够对决策问题做出准确的判断，然后在自己的偏好稳定、一致的前提下，做出能够使自身效益达到最大化的选择。

（2）家庭高等教育投资面临的风险

高等教育，作为人力资本投资的手段，与其他物质资本或者金融资本投资一样，风险与收益并存。不同的是，金融资本投资的收益预期会随着风险性的增大而增大，高等教育的收益预期却并非如此。家庭高等教育投资风险，更加强调的是高等教育投资的不确定性，换言之，也就是不利事件在高等教育投资过程中发生的可能性。正是这些不利事件的发生，这直接造成了家庭在进行高等教育投资时结果的不确定。

家庭高等教育投资风险主要来自3个方面：一是由社会变迁带来

的高等教育投资风险——社会风险。周期较长的高等教育，通常收益期发生在距离决策期较远的将来，我们所处的时代是科技、经济高速发展、不断更新的时代，新产品、新技术的产生对劳动力提出了不断变化的要求，而作为经济社会中的普通一份子，决策者尽管可能较其他家庭成员视野更宽广、思考更理智，也很难对其做出准确预知，由此会造成投资者因所学的专业在未来失去需求而面临难以收回投资的风险。二是政府政策的变迁所导致的高等教育投资风险——政策风险。始于1999年的高校扩招政策，虽然增加了很多人接受高等教育的机会，但也带来了大学毕业生“毕业即失业”等就业难问题，使得高等教育的预期薪酬水平降低，这种风险是高等教育投资决策主体始料未及的。三是来自高等教育投资主体自身的主体风险，包括投资者对所选专业需要掌握的知识了解不充分，接受高等教育的学生个性特征与专业的不匹配等导致的教育决策和选择失误的个性风险，还包括由于投资者自身健康和寿命的不确定性带来的意外风险。

1.4 研究框架

1.4.1 经济学的分析方法

实证分析法和规范分析法，是经济学研究中必不可少的两种分析方法。所谓实证分析法，顾名思义，就是指在分析问题以及建立理论模型时，只研究各种经济现象之间的相互关联（不做价值判断），在对经济行为人做出相关基本假设的前提下，分析和预测人们会做出何种经济行为，同时预测这种经济行为可能产生怎样的后果。也就是说，实证分析是建立在行为理论基础上的，它只回答“是什么”的问题。实证分析基本上是运用“大胆假设、小心求证，在求证中检验假设”的方法。通常实证分析对经济行为人有两个最基本的假设。一是稀缺性假设，二是理性经济人假设。所谓规范分析法，与实证分析法刚好相反，它的重点是价值判断，并将其作为分析的出发点和基础，它涉及经济行为及经济政策对人们福利所产生的影响以及对其的评价问题，涉及是非善恶或合理与否的问题。规范分析试图运用一定的价值观或意识形态来判断和回答“应该是什么”的问题，同时根据某种原则来规范经济行为人的行为，以促成或避免某种经济后果的发生或出现。事实上，人们的价值观、立场、背景、观点、伦理和道德观等不同，对同一种经济事物、经济政策或同一经济问题会提出截然不同的意见，做出不同的价值判断。因此，规范分析就必须找到一个大家都能够接受的价值判断的标准，这种标准就是互惠。所谓互惠，就是指所实现的经济效益对于交易双方或各方而言，都是符合各自的利益最大化或效用最大化需求的。两种研究方法各有利弊：实证分析不做价值判断，仅着力于对经济现象、行为和活动的客观分析，以及趋势预测，目的在于发现经济事物间的相互关联，并加以利用来分析和预测经济行为的效果，但如果对完全规范的判断准则置之不理，实证研究也就不具备存在的意义；缺乏实际数据或事实的支持的单纯的规范研究，则显得没有说服力，而且可能沦为主观臆断，从而失去指导实践的意义。故而，在具体研究中，规范分析与实证分析互相融合、交叉使用是最为理想的研究范式。

世间万物都是质和量的统一，因此对事物的了解都要同时从质和量两个方面来进行。定性分析，是从质的方面对事物进行的分析和研究；而定量分析，则是从量的方面对事物进行的分析和研究。对事物“质”的认识是认识事物的前提，也是对事物“量”的认识的基础，因而通常的研究方式是定性分析优先，再加上以此为基础的定量研究。

鉴于此，在本书的研究中，采取的是定性分析与定量分析相结合，实证分析与规范分析相结合的模式。本书的目的是研究在劳动力市场分割的背景下，对不同收入水平的家庭而言，高等教育投资决策是如何进行的，以及在决策过程中是如何受家庭所掌握的社会资本的影响的。在研究过程中，遵循经济学基本的假设前提，即决策者是“理性经济人”，以及高等教育的“边际收益递减规律”，通过对社会资本、劳动力市场分割以及其他影响家庭高等教育投资决策的因素进行分析，进而为家庭高等教育投资建立行为决策模型，并在此基础上分析和验证低收入家庭高等教育投资不足；经济发展水平与劳动力市场分割之间的关系；高校扩招降低了大学生平均素质，以及由于劳动力市场分割的存在，高等教育本身对不同收入水平的家庭而言已不再公平等社会现象产生的机理。

本书的研究主要涉及的理论如下：人力资本理论，该理论是家庭高等教育投资决策的理论基础，也是家庭做出高等教育决策的主要依据；劳动力市场分割理论，劳动力市场存在分割是本研究的基本前提；社会资本理论，社会资本是劳动力市场分割作用于家庭高等教育决策的最重要媒介。劳动力市场分割是决策的背景，社会资本是联系家庭高等教育决策与劳动力市场分割的纽带。

1.4.2 研究思路和待解决问题

本书的研究思路将遵循理论基础介绍→理论模型分析→实证检验的技术路线。首先，是研究的基石，即本书所需的高等教育决策理论、劳动力市场分割理论的介绍；其次，全面分析影响家庭高等教育的各种投资因素；再次，建立家庭高等教育决策模型，并据此提出推论；复次，通过对不同经济发展程度地区的劳动力市场分割程度的测度，以及对家庭高等教育决策的实证分析，验证推论；最后，展示研究结果，并据此提出相关的政策建议，以及对家庭教育投资决策主体的建议。

本书的研究力争能够回答如下问题：

（1）家庭高等教育投资决策面临什么样的决策环境？

（2）劳动力市场中，主要、次要劳动力市场的分割通过什么渠道，给家庭高等教育决策带来怎样的影响？

（3）劳动力市场分割程度与经济发展水平之间存在怎样的联系？

（4）教育的产业化发展，在劳动力市场分割的背景下带来究竟是“过度教育”还是“人力资本投资不足”？

（5）在劳动力市场分割背景下，高校扩招是否提高了劳动者的技能水平和生产效率？

（6）研究成果对国家制定相关政策，以及家庭的高等教育投资决策能够起到怎样的借鉴和指导意义？

1.4.3 研究方法和研究框架

文献研究是本书研究的基础，在这个基础上，本书将规范研究与实证研究相结合，并综合使用定性研究与定量研究方法对劳动力市场分割背景下的家庭高等教育投资决策问题进行深入研究。

世上没有无本之木，现代科学研究也是如此，每一步前进都建立在前人研究的基础之上。因此，阅读相关文献，摸清相关理论的发展脉络，是本书研究的发端。在本书的研究中，首先对人力资本投资理论、教育投资决策理论、劳动力市场分割理论等相关已有文献进行广泛收集和阅读整理，以此为基础，对理论的发展进行深入分析，掌握前人重要的研究成果和有待完善之处。

采用问卷等方式进行调查研究，通过研究样本来了解整体，是很多学科的重要研究方法，其中也包括经济学和管理学，问卷法是这些社会科学研究了解社会现实的重要工具，也是印证相关理论，并以此解决现实问题的关键。在本书中，相关的研究将利用实地调查和入户访谈的资料，对在劳动力市场分割的前提下，不同收入水平的家庭如何根据自己掌握的社会资本的多寡，对家庭成员是否接受高等教育一事做出决策进行研究，从而达到把握真实世界家庭高等教育投资决策现象的目的。

希望通过本书的研究，能够解答如下问题：在高等教育投资存在风险和家庭有限理性的前提下，有哪些因素影响到家庭高等教育投资决策？诸多影响因素之间存在怎样的逻辑关系？造成低收入家庭更倾向于做出不接受高等教育决策的原因是什么？优质高等教育资源的分配越来越倾向于来自中高收入家庭的学生原因何在？主要、次要劳动力市场的分割通过哪些渠道对家庭高等教育投资决策产生影响？劳动力市场分割程度的高低对市场配置劳动力的效率会产生怎样的影响？国家旨在帮助低收入家庭学生完成学业的助学贷款，在劳动力市场分割背景下，能否起到预期效果？

本书所做研究的技术路线图，如图 1 – 1 所示：

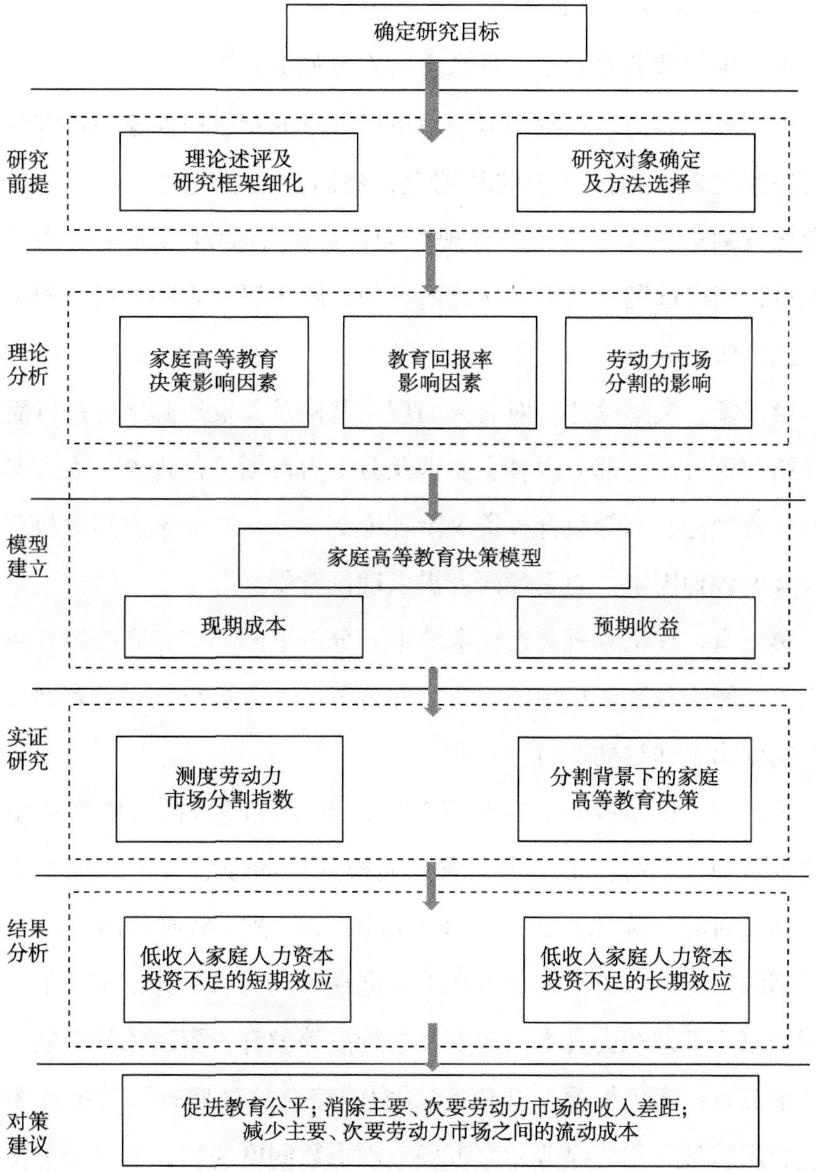

图1-1　本书研究技术路线

1.4.4 主要内容简介

本书主体部分共七章，各章主要内容如下：

第一章，导论。在我国劳动力市场分割的背景以及家庭高等教育投资决策的现状加以分析的基础上，提出论文研究的主题——劳动力市场分割这一宏观劳动经济现象如何影响了微观层面家庭高等教育决策，明确选题的意义和研究的目的，阐明研究思路、搭建理论框架、选择研究的方法。

第二章，文献综述。对研究的理论基础及其发展脉络等进行简要的介绍和评价。这部分内容主要涉及劳动力市场分割理论、人力资本中的投资理论、高等教育投资决策理论等。分析影响家庭高等教育投资决策的各种因素，为后续研究提供理论背景。

第三章，理论分析。在该章节中，分析了影响家庭高等教育决策的因素、影响教育回报率的因素，并对劳动力市场分割对教育回报率的影响做出了详尽的探讨。

第四章，模型构建。在该章节中，借鉴万广华在《资产视角下的贫困脆弱性分解：基于中国农户面板数据的经验分析》一文中解释家庭面对的风险和冲击，以及家庭陷入持续贫困或贫困陷阱背后的机制的模型，分析不同收入水平家庭在劳动力市场分割背景下，如何根据家庭掌握社会资本的多寡，进行高等教育投资决策的机制。

第五章，实证检验。以 CGSS（中国综合社会调查）数据库为基础，利用明瑟方程构建劳动力市场分割指数测度模型，得出经济发展水平上游、中游、下游省份的劳动力市场分割指数，验证第三章家庭高等教育决策模型的推论：劳动力市场分割程度与经济发展水平呈反向关系，即经济发展水平越高，劳动力市场分割指数越小。

第六章，实证研究。利用CFPS（中国家庭追踪调查）数据，检验家庭高等教育决策的各影响因素，验证第三章家庭高等教育决策模型的推论：社会资本对家庭决定子女是否接受主要劳动力市场“基本学历”教育（大专、本科）的影响最大，而对家庭决定子女是否接受更高层次高等教育（硕士、博士）的影响不显著。

第七章，研究结论与政策建议。这一部分将对本研究的基本结论进行总结说明，并根据研究得出的结论，对宏观经济的重要影响主体——政府和微观家庭高等教育决策的制定者提出相应的对策建议。

1.5 本书的创新点和不足

相比现有的针对家庭高等教育的研究文献，本书的创新在于以下几个方面：

第一，万广华先生的模型是用于贫困起因及分类的研究的，本书将其模型引入对劳动力市场分割对高等教育决策的影响的分析，不仅扩大了模型的适用范围，也为家庭高等教育决策的分析提供了一个新的工具。

第二，在本书的研究中，用社会资本将宏观经济当中存在的劳动力市场分割与家庭的高等教育决策这一微观问题结合在一起，分析了劳动力市场分割是对家庭高等教育决策的影响机制。

第三，按照经济发展的上游、中游、下游、游地区分别度量了主要、次要劳动力市场的分割程度，验证了经济发展水平与劳动力市场分割程度的关系——经济发展较迅速的地区，劳动力市场分割的程度通常较低。

本书的不足之处在于以下几个方面：

第一，对主要、次要劳动力市场的划分比较粗糙。事实上，主要劳动力市场当中的职业还可以进行进一步细分。另外，在实证研究部分，对主要、次要劳动力市场的划分标准过于简单。

第二，按照 Becker（1960）提出的“数量—质量权衡”理论及其与之相近的“资源稀释理论”，当家庭资源有限时，家庭规模的增大会稀释每个子女获得的资源。由于同胞竞争效应，父母可能根据偏好而非投资收益率做出教育投资决策，甚至可能通过让一部分子女（在我国，通常被牺牲的是女孩）辍学参加劳动获得收入，以此来补贴其余的子女（通常是男孩）。这种在低收入家庭，尤其是贫困家庭中更为常见的非理性的家庭决策行为，在本书的研究中没有加以区分。另外，一个多子女家庭中，出生次序的不同也会影响父母对其受教育程度的期望，这一点是无法体现在统计数据中的。

第三，我国幅员辽阔，各地经济发展水平有很大差距，因而生活费用也存在差异，这是收入差距的重要组成部分，例如，直辖市远高于其他城市的生活费用，是其与其他各省份之间的收入差距较大的一个最直接的原因。在本书的实证研究中没能剔除这一因素的影响，劳动力市场分割指数存在被低估或高估的可能。

第四，囿于数据不足，实证研究的时间跨度不大，仅以 2010 年的 CFPS，如果能获取改革开放之后的数据，并选取合适的时间节点或许能印证政策变化对劳动力市场产生的重要影响。

今后的研究中可以利用一定的方法将收入进行地区之间购买力差异的调整，这样的调整能将收入中各地生活费用差异引起的差距排除在外，从而能够更好地辨别出劳动力市场的分割造成的收入差距，从而得到更能反映现实情况的劳动力市场分割指数。

2 文献综述

在本书中，研究的重心在于劳动力市场分割背景下家庭如何进行高等教育投资决策。在此之前，有必要将劳动力市场分割相关理论、高等教育决策相关理论做一番梳理。

2.1 高等教育决策理论综述

教育既可被视为一种准公共物品，又可被视为一种投资品，而从个人以及家庭的角度出发，教育更经常地被作为一种投资方式。

从消费过程和收益享用方面来看，教育具有排他性和竞争性：从教育产品的消费过程来看，人们在投资教育的过程中需要承担一定的费用和成本；而教育的个人收益体现在受教育者专业知识、技能水平等方面的提高，以及由此得到的更为可观的收入和更优越的社会地位，甚至是个人自我价值的实现，这些收益无疑也是具有排他性的。个人的教育投资或消费具有的排他性和竞争性，并不妨碍教育通常被作为准公共产品。因为从社会层面来看，教育的作用远不止提高个人技能、增加个人收入、提升个人社会地位的社会化功能和社会选择功能。作为社会系统的重要组成部分，教育对经济、政治、文化的建设发挥着重大支持和维护作用，对人类社会的整体发展有着重要影响，其中高等教育的影响尤为明显。另外，对于转型期的我国来说，高等教育更是肩负着通过科技创新实现国家强盛和民族复兴的伟大使命。

人们接受教育的最根本的目的在于将来的收益，但在接受教育的过程中物质成本和时间成本的支付必不可少。通常，个人为提高其自身知识和技能从而获得更多的收益，会将接受高等教育作为最优途径，因此，教育更大程度上是一种生产性投资。把高等教育作为一种投资品，是很多学者的共识。例如，舒尔茨曾经说过："教育远不是一种消费活动，相反，政府和私人有意识地投资，为的是获得一种具有生产能力的潜力，它蕴藏在人体内，会在将来做出贡献。"刘易斯在《经济增长理论》中也曾说过："受过高等教育的人基本上把高等教育看作是一种投资，是确保取得优越的社会地位和优厚收入的一种手段。"

关于是否接受高等教育的决策，与学生自身的人力资本投资密切相关，因此，决策的出发点更多的是从"如何能获取最大收益"这一投资者的角度来考虑。不仅如此，作为一种准公共物品，高等教育决策也影响着教育产品的均衡，因而受到学者们的广泛关注。在对高等教育决策的研究中，欧美等国的研究集中于高中毕业生所做出的几乎所有与高等教育相关的选择，其中包括是否申请进入高校，如何选择学院或者系别，接受教育期间是否退出高等教育，求学期间与父母合住还是独立居住，是否需要申请贷款，以及是否需要做兼职工作等。中国高等教育初始阶段的决策过程与国外的情况存在很大差异——总体来看，绝大多数高中毕业生必须参加统一的每年一次的高校入学招生考试，并按照高考分数选择学校。然而，到了硕士及以上的研究生教育阶段，从教育决策的做出方面来看，国内外比较一致——都是学校与学生之间的双向选择，因而相关决策过程更为社会化。

通过对未来一定时期内高等教育投资活动的方向、内容及方式的选择或调整，从而实现高等教育投资效益最大化的目标，是高等教育决策投资决策理论的基本思路。这种投资决策与人力资本理论的产生和发展息息相关。美国经济学家西奥多·W. 舒尔茨 1960 年发表了《自由教育形成的资本》一文，该文的诞生意味着人力资本理论的形成。随后，引发了人力资本理论的世界性研究热潮。其中，加里·S. 贝克尔在他的《人力资本》一书中提出了人力资本投资—收益的均衡模型，并运用经济数学方法，考查了人力资本投资和经济增长之间的关系；丹尼森通过对美国 1929—1957 年推动经济增长的原因的实证分析，为舒尔茨的观点提供了最为有利的补充和证据。此后很长时间的研究都是从宏观层面来进行的，强调了人力资本对宏观经济增长重要的促进作用。期间，关于个人教育投资的计量模型也陆续被提出来，如巴鲁克·列夫和阿巴·施瓦茨提出的未来工资报酬折现模型，以及弗兰姆·霍尔茨的随机报酬价值理论等。其中最具有代表性的、在学界有着深远影响的就是明瑟尔提出的教育收益率分析法，其明瑟尔方程至今仍是衡量教育收益率高低、研究教育收益率影响因素的重要方法之一。20 世纪 90 年代，教育投资的研究范围有了大幅拓展，学者们开始把目光投向世界各地的经验证据。这一时期的研究主要集中在对各地教育收益率的比较、教育对增长以及收入不平等的影响。

总体来说，国外对高等教育决策问题的研究，以学生个人作为中心行为人，主要从三大视角来进行分析（Hossler et al ., 1999）：① 社会学视角，源于社会学的理论，依据该理论，学生的决策主要受别人的期望的影响；②经济学视角，基于经济学理论，将学生看成理性“经济人”，依据成本—收益分析来决策，这一角度是大量相关计量研究的理论基础；③信息学视角，基于博弈论，将经济方面和社会方面的因素相结合，把教育决策看作是家庭在不完全信息背景下的资源配置。以上 3 个视角反映了各理论所揭示的影响高等教育决策的主要因素。而国内前期的相关研究大多数承袭了人力资本理论，采用与对其他投资品相似的成本—收益分析法，该方法重点考察个人投资于高等教育的成本和收益，并据此核算教育的内部收益率，而将内部收益率作为个人投资的决策依据。

2.1.1 社会学视角相关理论

基于社会学视角的高等教育决策模型将学生看作社会人。社会学家对于期望的形成更为关注（Sewell，Shaw，1968）。他们认为人们从属于某个社会群体，每个群体有既定的规范和价值观，个人认同社会群体的目的以及赋予每个人的义务，并以所属群体共同尊崇的规范和义务等来要求自己（March，Olsen，1995）。由于社会群体中的人们自愿且坚决地按照他们所属群体的期望做出行动，因此会按照一定的逻辑进行决策（Hossler et al. ，1989）。对学生的志向、抱负产生影响的因素，通常来自原生家庭、同伴以及学校环境几个方面。这些变量会随着时间发生变化，并能够相互作用，进而在不同程度上对高等教育决策过程产生影响。地位获得模型（Hossler，1999）用包括行为变量和背景变量的自变量组来解释学生决策。其中，行为变量包括学生的志向、所受到的激励以及动力、如何利用闲暇、在学术方面的成就等；背景变量则主要考虑的是个人的性别、家庭背景特征（包括父母的收入、所受的教育、从事的职业），以及来自老师、朋友和同伴的影响。

国内从社会学角度进行的研究，多局限于描述性统计分析，其焦点主要投放在高等教育对社会阶层流动所起到的催化作用、对个人能力所起到的提升作用，以及教育本身的信号作用等方面。

2.1.2 经济学视角相关理论

按照经济学的基本假设前提，学生是理性人，其做出的任何决策都是理性的。关于是否接受高等教育的决策也不例外，它是学生进行成本—收益分析之后所做出的理性决策。从该视角出发对高等教育决策的分析，主要借助效用理论、人力资本投资理论、博弈论等方法。

（1）效用理论

根据经济学的基本假设，资源是稀缺的——总的资源以及可获得的教育资源均是有限的，学生在一定条件的限制下，运用边际效用最大化的方法得出最优决策。具有不同特征（如性别、特定社会地位）的人之所以做出不同的决策，是因为他们面临不同的成本收益（Hossler，1999），同时，这一决策还受到不同大学各自的不同特点的影响。

另外，还有这样的观点，效用理论没有把教育看作一项投资（Bowen，1977），因为该理论只考虑短期教育的预期收益。在此基础上，他们提出高等教育之于学生，既是消费品，也是投资品（Rothschild & White ，1995；Canton & Vossensteyn ，2001）。

（2）人力资本投资理论

教育是一项人对其自身及其周边环境的投资，目的在于获得将来的收益，这是人力资本投资理论对教育的基本看法（Schultz，1961；Becker，1964；Psacharopoulos，1987）。

接受教育能够给受教育者带来类似消费商品的满足感，从这一角度，教育可以被看作消费品。然而，接受教育为了获得更多未来收益的目的性，与过程中需要承担的财力、物力、时间，决定了教育更大程度上可以被视作一种生产性投资。并且，显而易见的是，通过接受教育来提升个人的知识和技能水平是一条相当合理的途径。

从这个角度分析，是否接受高等教育是一种经济决策，因此，与其他经济决策相似，决策之前都需要对成本和收益进行详尽的分析。接受高等教育的成本由直接成本（直接花费）、机会成本和心理成本三部分构成，同时也会带来两部分收益——经济收益（收入的提升）和社会及心理收益（如果把高等教育看作消费，则其收益主要体现在心理方面，主要包括良好的卫生保健、心理健康水平的改善、个人文化教育修养水平的上升、个人社会地位的提高、进入上流社会的机会增多、个人社会生活结构的优化以及生活质量的提高、就业竞争优势、成就感等，心理方面的消费性收益是难以用货币形式衡量的，因此是非货币性收益）。由于心理成本和心理收益的衡量非常困难，通常不纳入分析。而高等教育的投资性收益，指的是受教育者通过接受高等教育形成较高的劳动能力，从而能够在劳动力市场上获得的可以量化的货币收益——主要指接受高等教育后的劳动收入的增加额。理性的人们会对高等教育投资的期望收益与机会成本的净现值进行比较，如果前者大于后者，那么他们会选择接受高等教育。图 2 - 1 中，曲线 H 表示一位高中毕业生毕业后立即就业这一情况下所获得的终生工资性报酬曲线。另一条曲线 U 表示该生在高中毕业之后，先完成四年高等教育，再到劳动力市场中就业这一情况下所获得的终生工资性报酬曲线。两条曲线在 M 点相交，在此之前，高中毕业生一直有工资性报酬，并且随着年龄增长而逐渐升高。大学毕业生在 22 岁即毕业之前没有任何工资性报酬。毕业之后，他们开始工作，会得到工资性报酬，但是所得到的工资性报酬水平有可能低于高中毕业生（由于工作经验的欠缺，实际生产率没有得到充分发挥）或者高于高中毕业生（由于学历）。但是在 M 点之后，大学毕业生在历年的工资性报酬就开始超越高中毕业生，高出的部分就是接受高等教育所获得的总收益 B（计算时通常换算为现值）。大学生承担的接受高等教育的成本包括两部分，一部分是直接支出的学费以及其他与接受高等教育直接相关的成本 C_1，另一部分是由于学习期间无法工作而损失的 4 年的工资性报酬，以及在最初工作时期与已有几年工作经验的高中生的工资差距，即机会成本 C_2。如果 B 部分的面积大于（C_1+C_2）部分的面积，则选择接受高等教育就是值得的。

最初以人力资本投资理论为框架的研究中，忽视了不确定性因素对收益的影响，缺乏对风险的预测与防控，因而更适用于对短周期的人力资本投资决策。为了扩大模型的适用范围，将不确定因素的影响纳入分析中，在对收益进行折现时，使用了加权的预期收益法，由于充分考虑了未来不确定性因素的影响，这种方法可以用来对长期人力资本投资决策进行分析。

在这一基本思路的基础上，国内外学者对教育成本与收益进行了更为详尽的分析，他们普遍认为由家庭支付的学费，能够显著提升受教育者的劳动价值，带来其职业收入的提升，家庭正是通过这种方式收回成本甚至盈利。Weisbrod B（1971）认为可以获得“直接金融效益”。Blaug Mark（1963）认为除了职业收入，教育还能“产生当前额外所得利润”。另外，Hogan 和 Walker 则利用实物期权理论估计了教育选择带来的风险，以及个体最优的教育年限。

在我国学者的研究中，陈晓宇、闵维方（1998）的研究发现，与高等教育规模扩张、大众化程度的提升相伴随的是个人教育收益

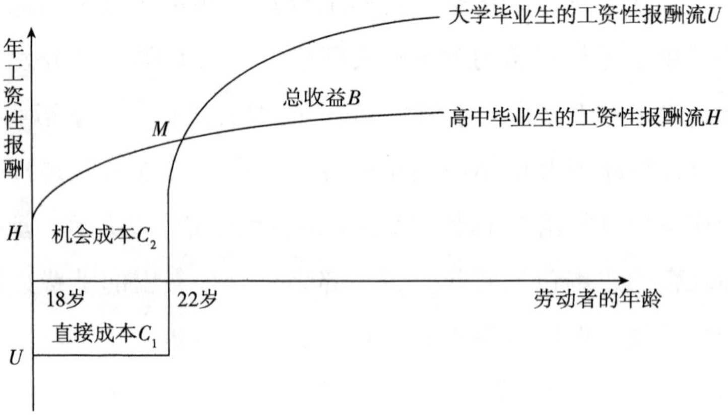

图 2－1　关于是否接受高等教育的决策模型

率的下降。并且，闵维方（2002）等发现，与世界平均水平相比，我国高等教育收益率水平是明显较低的。张金麟（2001）则通过对我国人力资本投资的边际成本和边际收益的分析发现，投资收益率在不断下降，因而投资需要得到鼓励和刺激。但张学高、扶涛、薛勇军（2008）的实证研究却发现个人接受高等教育后在各个年龄阶段的收入贴现不仅呈现出逐步上升的趋势，而且上升的幅度比接受高中教育大得多。杨娟（2008）借鉴了金融学中的期权理论模型，将教育决策视为金融投资决策，对其风险作了估算，以此作为个人预期收益的不确定性的评估依据，进而对个人的最优教育选择做了推导。与之类似的研究是于洋（2014）利用实物期权思想，基于两种情况（不考虑风险和考虑风险）下的动态教育选择模型，利用随机分析方法，最终得出的最优教育选择策略——何时是离开学校的最佳时间，以及此时对应的工资水平。

我国学者在这方面的研究，大多是以接受高等教育的成本—收益分析为基础的（例如，以内部收益率、净收益的净现值或是明瑟尔收益率为衡量指标）（熊倪娟、赵东辉、施祖麟，2005）。另外，房国忠、李巧巧（2012）也曾利用这一模型对出国留学和在国内读大学两种高等教育投资方式的报酬率进行定量计算和比较。

事实上，个体对高等教育入学机会的选择更多的是以家庭为决策主体来做出的。鉴于此，一些经济学家在20世纪80年代开始将家庭引入，应用微观经济学的经典分析方法，构建了家庭教育决策模型。初期学者们提出的当期模型与现实出入较大，其主要原因在于高等教育投入与收益之间存在很长的教育过程的间隔。因此，Mason A提出了跨期教育决策模型。随后，博弈论的蓬勃发展为家庭高等教育决策的研究提供了又一个分析工具——Manser和Brown（1980）以及Mcelroy和Horney（1981）等将之引入。Sawada和Loksbin（2001）考虑了多个子女的家庭中，如何在收益不确定并且充分考虑投资风险的前提下做出教育决策的。

而对于我国的家庭而言，投资高等教育的经济收益是不确定和不稳定的。对于我国家庭高等教育投资的现状，钱丽（2007）认为，大部分家庭投资高等教育的愿望强烈，但决策水平偏低；在高等教育成本的负担方面，家庭承担的比例过高。许祥云、华婷（2013）也认为关于高等教育，家庭投资愿望强烈，但投资决策主体的决策水平偏低，往往由于认知偏差（如攀比心理、从众心理）导致在高校选择、专业选择等方面方向失衡，投资额度超出家庭经济许可范围等情况的发生。曲斌、黄璐（2007）通过对低收入家庭的研究，也发现低收入家庭承担不起初期投入成本而做出的摒弃教育机会的决策是科学的。张学军（2008）发现，对于高等教育，农村家庭通常做出的是“选择最好成绩启发式”决策，而并常以“成本—收益分析”作为决策依据，由于这一决策过程并不理性，往往会造成过度教育投资、忽视风险等异常现象。

（3）信息过程视角

基于信息视角的分析，是否接受高等教育的决策是一个过程，在不同阶段受到不同因素的影响，教育决策是家庭在不完全信息背景下，面对诸多不确定性，经过权衡的资源配置。Litten（1982）的“高等教育选择行为扩展模型”，把有关高等教育的个人选择行为看成一个“漏斗”——最初有大量学生准备接受高等教育，但是随着过程中一些学生的放弃，最终参加大学入学考试的只是其中一部分学生，他强调应主要分析哪些因素会对学生是否接受高等教育产生影响。Hossler 和 Gallagher（1987）则进一步把这一“漏斗式”选择过程分为 3 个阶段：“意向”阶段、“寻找”阶段和“决策”阶段。学生在这 3 个阶段分别关注的是：“意向”阶段，考虑要不要继续接受高等教育；“寻找”阶段，关注和搜索关于高等学校的各种信息；“决策”阶段，经过评估并最终决定在哪所学校就读。Hossler 认为，在“意向”阶段主导学生入学意愿的是选择的社会性意义，而在“意向”阶段和“决策”阶段则更多依靠经济性分析。Chris Laing 等（2002）运用博弈论解释了学校和学生双方对教学与学习环境的期望。对其影响因素的更进一步分析发现：从“经济”角度来看，学生个人的能力、学术成果很大程度上影响着决策。例如，有研究发现，高中阶段的 GPA 和 SAT 能够很好地对是否申请大学进行预测（Manski & Wise，1983）；从“社会”角度来看，家庭的社会经济地位，包括父母的收入、父母的教育水平以及社会地位、同伴的支持和鼓励，对接受更高教育选择的倾向有影响。

近几年我国学者的研究中，乐志强、卢曼萍、周杨平（2014）通过对江西省农村家庭的问卷调查，结合回归分析发现以下因素对农村家庭高等教育投资决策影响较大，例如，家庭年收入、父母的利己程度、就读高三的子女的学习成绩和学习态度、周围的人对子女读大学的态度、拟选择高校的学生资助政策、读大学的间接成本、高等教育投资风险等。罗楚亮、孟昕（2016）则认为农村高中毕业生远低于城市高中毕业生的接受高等教育的机会，以及因此降低的接受高等教育的预期收益，才是导致大部分农村学生不愿意继续上高中，继而接受高等教育的重要原因。

另外，筛选理论认为个体的劳动生产率是内在的（Innate），教育的作用更多是区分、筛选出高劳动生产率的人（只有劳动生产率较高的人才会做出接受高等教育的决策），使得人尽其能，教育作为一种信号，不仅能给整个社会带来更高的人才配置效益，还能提高高劳动生产率的人的私人收益。

既有的高等教育决策理论，其重点在于决策机制的分析，以及影响决策过程的因素分析。在影响因素的分析中，我国现存的劳动力市场分割，并没有受到足够的重视，事实上，主要次要劳动力市场之间的壁垒在很大程度上决定了高等教育的预期收益，进而影响到家庭的高等教育决策机制。而这一方向正是本书研究的重点。

2.2 劳动力市场分割理论综述

生产要素中最重要的因素之一就是劳动力。劳动经济学正是以劳动力的供求为研究对象。劳动力市场的竞争性和流动性都影响着劳动力的配置效率——充分竞争和流动的劳动力市场机制不仅能够促使劳动力得到更合理的配置，还会带来经济的增长。不仅如此，劳动力市场的效率还直接决定了工资的形成。从微观角度来看，市场机制运作的合理与否，事关每一位劳动者的收入，以及由此带来的公平感。作为理论经济学研究的重要领域，劳动力市场很早就赢得了学者们关注的目光。早期的劳动经济学是以新古典经济学为基础的，因而在这一理论框架下，劳动力市场按照完全市场化方式来配置劳动力：需求方——厂商追求的是利润最大化，他们为劳动力的定价依据是劳动的边际收益；供给方——劳动者追求的是效用最大化，他们会在不同的工资水平下，通过调整劳动力的供给量来达到这一目的；供需的均衡决定了市场均衡工资水平，此时市场处于出清状态。劳动者的工资水平取决于人力资本存量——学校教育、在职培训、健康、信息等。这一分析体系，从逻辑上看堪称完美，然而实际劳动力市场运行的结果与依照该方法分析所得出的结论之间相去甚远。差异主要表现在以下几个方面：第一，劳动力市场上的工资水平并不在均衡工资水平附近浮动，反而存在着巨大差距；第二，劳动力并不同质，即使不同劳动力提供了同样数量和质量的劳动，他们的工资水平仍可能因为歧视或是否加入工会组织而存在巨大差异；第三，劳动力市场并非一个出清的市场，相反，更常见的现象是存在着大量劳动力处于失业的状态。

理论与现实的巨大差异引发了学者们新的思考，他们将目光投向了古典经济学时期的一些观点，如斯密、穆勒等曾经提出的对劳动力市场存在很大影响的社会生产关系、法律制度、工会组织，以及一些个人行为因素。然而，这只是个发端，实际上由于研究资料的不足和研究工具的缺乏，这方面的研究在很长时间几乎裹足不前。直到20世纪60年代，人力资本理论的产生与计算机技术的快速发展，才合力引发了劳动经济学的一场深刻变革——一批美国学者在对古典经济理论中的一些劳动力市场相关思想的继承的基础上，逐步形成了劳动力市场分割理论，该理论重在讨论制度和其他一些社会性因素对劳动力市场中就业和报酬的影响，随着更多学者的关注，最终形成了劳动力市场分割学派（Labor Market Segmentation，LMS）。从纵向时间走向来看，劳动力市场分割理论经历了起源、产生与发展、复兴三个阶段。

2.2.1 思想起源：穆勒的理论

对于劳动力市场中存在的由竞争性障碍和流动性障碍造成的工资的不均等，斯密、穆勒和马歇尔等做出了不同的解释。斯密的主张体现在报酬平衡原理上，他认为这是劳动报酬的一般法则；马歇尔进一步将之扩展到全部生产要素，形成了要素价格均等理论。从某种角度上可以认为，斯密和马歇尔的主张是工资的不均等是由市场竞争本身所造成的。例如，斯密认为工资差异起到的是平衡补偿的作用，其存在本身正是为了消除差异。他认为对某些职业需要进行一定的补偿，因为这些职业可能“第一，不令人愉快；第二，学习的难度大，费用高；第三，工作不稳定；第四，需要承担重大的责任；第五，在行业中成功的可能性比较小。”基于此，从事这些职业的劳动者获取更高的收入是市场竞争的应有之义。

穆勒的观察与对工资差异的认识比斯密更为深刻：他认为斯密的报酬平衡原理的适用性是受到一定的实际限制的。他认为“收入的差异源自完全自由竞争的自然结果，愉快的职业收入低于不愉快的职业”这一看法是对一部分现实的曲解。因为，据穆勒的观察，真正费力并且令人讨厌的职业所带来的工资收入，与其他劳动比起来是更少而不是更多。原因就在于从事这些职业的人，往往没有其他选择。显然，按照穆勒的观点，工资不均等是背离报酬平衡原理的，并有其产生的社会根源。他认为，“劳动的艰难程度与工资收入，并不像社会的一些公平安排那样恰成正比，而一般是成反比的。”——劳动者自身的差异造成有些人由于缺少技能和教育或是极端贫困，只能接受那些低收入的工作。工资收入不均等的另外一个重要原因是垄断，他所说的垄断来自两个方面：一方面是自然垄断，这里指“由教育、训练导致的劳动力熟练程度的差异”；另一方面是人为垄断，这里指“由限制性法律、团体组织和习惯所造成的工资差异”。认为工资差距源自制度是穆勒与斯密和马歇尔观点的根本性分歧。这也是穆勒的理论被劳动力市场分割学派视作其直接理论来源的根本原因。

2.2.2 产生与发展

劳动力市场分割理论产生并得到发展开始于20世纪60年代，这一时期学者们尝试运用新古典方法以外的方式，从不同的角度来解释劳动力市场分割现象的存在。不同于新古典方法对劳动力供给的重视，劳动力市场分割学派侧重于从需求方面来分析劳动力市场中就业与工资的决定。

从这个角度来讲，劳动力市场分割理论可以看作是古典主义在劳动经济学中的复兴。另外，劳动力市场分割理论强调制度、组织、习俗包括社会歧视对劳动力市场的重要影响，他们认为尽管主要市场中劳动力的素质要普遍高于次要市场，但主要、次要市场工作间的工资差别远远高于劳动者的素质差别。

在劳动力市场分割理论发展进程中，绕不过两个名字 Doeringer 和 Piore，正是他们最早对劳动力分割理论进行了全面的阐述。在他们的著作中，第一次明确地按照工资决定方式、福利水平和升迁机制的不同将整个劳动力市场划分为主要和次要两个部分，这是二位学者对该理论的奠基性贡献。在他们的理论中，内部劳动力市场（Internal Labor Market，ILM）是否存在，被作为分割存在的关键原因和标识，而这一论断给日后引入信息不完全理论对劳动力市场分割进行分析，提供了一个很好的切入点。

Doeringer 和 Piore 理论中的主要劳动力市场具有以下特点：第一，就业环境稳定，一般而言从事的是资本或智力密集型的大规模的生产；第二，企业内部分工严密、等级森严，员工的收入非常可观，企业提供专业的培训与可预见的晋升阶梯。次要劳动力市场中的情况则刚好与之相反。持类似观点的还包括 Gordan 和 Tobin，他们认为这一分析框架可以用来分析美国劳动力市场；Bosanquet 和 Doeringer 则利用该框架对英国的劳动力市场进行了研究，通过对年龄、性别、职业、教育等数据的统计分析，他们发现，尽管两国劳动力市场的运行存在细节上的差异，但相似之处在于都存在劳动力市场之间的分割与壁垒。劳动力市场分割理论自此获得学界承认，并成功引起了学者们的兴趣得以进一步推广。

劳动力市场分割理论经过这段时间的发展，逐渐搭建了一个比较完善的分析框架：第一，之所以存在主要和次要劳动力市场的分割，源自企业，尤其是那些在经济中具有很强竞争力的资本密集型企业和技术密集型企业的需求。由于体量较大，企业内部分工明确，这些企业自然需要一支稳定且忠实的劳动力队伍，为了获取这样一支队伍，企业提供给员工丰厚的报酬、合适的培训以及完整的晋升阶梯，在内部劳动力市场中，劳动者的工资不遵循新古典边际原则，而是取决于其在内部劳动力市场中所处的位置。第二，次要劳动力市场中的需求方，则通常是那些处于低水平同质竞争中的边缘企业，它们的产品以劳动密集型为主，竞争力较弱，要想在竞争中盈利，必须对成本进行控制，因而它们没有能力和意愿建立内部劳动力市场，不仅如此，这些企业的内部管理通常也缺乏规范的制度，升迁机会更是少之又少。面临主要、次要劳动力市场悬殊的收入和待遇差距，理智的劳动者将尽力谋求主要劳动力市场中的职位。然而，在试图进入主要劳动力市场的过程中，劳动者会受到包括制度以及企业歧视在内的多方约束。故此，被拒绝的劳动者只能在次要劳动力市场中竞争工作岗位。

在这一理论体系中，教育仅仅被视为劳动者发出“高生产效率”的信号，充当企业人才甄选的重要条件，也是劳动者进入主要劳动力市场必须满足的最低要求。一旦他们进入主要或是次要劳动力市场，其工资水平及所受待遇将存在很大差别。不仅如此，不同劳动力市场中的劳动者在工作转换过程中的表现也大相径庭：优势劳动者往往是有目的的，对他们而言工作转换有一定的规律性，并且与培训以及收入增加紧密相关；与此相反，劣势劳动者经常遭遇的工作转变通常与培训无关，并不能带来经济状况的改善。优势劳动者的职业生涯超过 20 年之后，通常不再转换工作，而是在同一个企业中通过在职培训或晋升来继续职业生涯；劣势的劳动者则长期处在底端的职业中。优势和劣势劳动者的收入差距会由于所获得的在职培训的多寡悬殊，随着年龄以及工作经验的增长逐渐扩大。

除此之外，主要和次要劳动力市场在岗位要求和培训机制上存在的差异，会形成习惯固化在劳动者身上，这种影响的延伸造成次要劳动力市场中的劳动者缺乏合作精神与责任心、懒散且学习动力欠缺，而这些特征刚好与主要劳动力市场的要求相抵触。这些不良行为特征在次要劳动力市场中不断得到强化，最终会形成恶性循环，其结果就是他们重新进入主要劳动力市场的可能性会越来越小，以至于

"阶层逆袭"成为泡影。

劳动力市场分割的理论框架正是由以上观点共同构成。还有学者，如希克斯，将城市劳动力分为较高、中间和最低 3 个等级，其中较高等级的劳动力工作稳定、环境安全、薪酬可观；中间等级的劳动力能够获取一定的保护；处在底层的是城市无产者，他们的收入得不到保障，更遑论安全。劳动力的跨级流动几无可能，因为每个等级（尤以较高等级最为明显）都会设置障碍，以保障等级内部劳动力的收入水平不变，其中教育和培训是他们设置障碍的重要工具。较高等级的劳动力正是通过教育将其手中掌握的特权转移给了下一代。

这个阶段还有激进理论，从制度和历史的角度对劳动力市场分割进行分析。如 Reich、Gordon 和 Edwards（1973）认为，建立内部劳动力市场是资产阶级借以分裂工人群体并最终稳定控制生产的重要方式。除此之外，资产阶级还会利用种族、性别等方面的差异来削弱工人群体。当然，这些理论使用的分析方法与经济学分析方法大相径庭，因而并没有在经济学界引起很大轰动。

尽管新古典劳动力市场理论框架有着很广泛的适用范围，但是在此框架下对一些现实问题仍难以做出合理解释。劳动力市场分割理论恰逢其时地出现，弥补了其某些不足之处。但是在分割这一框架下的某些观点也因与现实情况不吻合而饱受质疑：例如，教育的信号作用，与舒尔茨、贝克尔的人力资本投资理论不符，与卢卡斯、罗默的新增长理论存在分歧，这些理论都用事实证明了，教育不仅是提高个人人力资本的重要手段，还对宏观经济增长起到十分重要的促进作用；次要劳动力市场中工资水平较低是由劳动力市场分割造成的这一观点，似乎也难以解释为什么次要劳动力市场中大多是生产能力低下的劳动者，而竞争理论则能够很好地对此做出解释。由于这些原因，劳动力市场分割理论一度有被边缘化的危险。

2.2.3 理论的复兴

劳动力市场分割理论从 20 世纪 60 年代后期开始被学界广泛接受，并在 70 年代早期得到主流经济学家的重视。但是两篇有影响力的持不同观点的文章（Glenn Cain，1976；Michael Wachter，1974）认为，劳动力市场分割理论假设在很大程度上是非理论性的，并且建立在存在争议的统计分析的基础之上。尽管主流经济学家认为劳动力市场分割理论的某些洞见应该被纳入新古典的分析当中，但劳动力市场分割理论的支持者们并没能发展出一个符合主流经济学家标准的形式理论。劳动力市场分割理论同时遭到诟病的还包括，研究者们所用的方法。他们的方法被普遍认为有超出规范的趋势，如访谈法、观察法、历史研究、制度分析等。从某种程度上讲，正是那些持有激进思想的支持者的研究将其理论研究推向主流经济学之外。

劳动力市场分割理论的重新出现与这两种趋势的逆转有着紧密联系。经济学家开始用非完全信息理论和最先进的计量经济学等现代工具去推进相关研究。随着实证工具的完善和研究条件的改变，20 世纪 80 年代末，劳动力市场分割理论迎来了它的复兴，在这一阶段多篇影响深远的实证文章被发表，劳动力市场分割的理论框架因此得到进一步完善。

劳动力市场分割理论的复兴是以 Dickens 和 Lang 1985 年和 1988 年两篇文章的面世为起始的。他们以收入调查的面板数据为基础做了实证研究，其结果表明，非经济壁垒存在于两个独立的劳动力市场之间，劳动力深受其害，难以在两个市场之间自由流动。他们在对工会影响的实证研究中也发现，工会的存在与否对工资水平的差距影响巨大。

同期，实证研究被广泛运用于一些新的观点的检验中。这些新的劳动力市场分割学派的观点深受马歇尔等人经典理论的启发。由于实证工具的运用，这些解释更加具有说服力。例如，在关于劳动力市场之间壁垒的存在原因的探讨中，劳资双方的谈判能力，以及具有激励作用的效率工资，被认为是主要、次要劳动力市场工资存在差距的重要原因。另外一个视角则是从人力资本的角度出发的，Webster（2001）认为，劳动力资产会随着使用时间的累加不断增值，而非折旧（刚好与实物资产相反）。因此，能力的差距（也可以理解为人力资本存量的高低）成为劳动力进入主要还是次要劳动力市场的决定因素——能力强、升值潜力高的劳动力与能力差、升值潜力低的劳动力分别被纳入主要和次要劳动力市场，劳动力市场分割就此形成。

继 Dickens 和 Lang 的研究之后，更多关于劳动力市场分割的研究可以看作以其实证方法为基础的拓展。

一方面是对各国劳动市场存在分割的验证，例如，Heckman 和 Hotz（1986）对巴拿马劳动力市场，Gindling（1991）对哥斯达黎加劳动力市场，Hiebert（1991）对加拿大三个最大的劳动力市场（在他的研究中涉及了种族、性别和是否为外来移民身份这三大分割因素，三者之中性别的分割作用最为显著，外来移民的身份往往也意味着低收入水平和不稳定的工作），Telles（1993）对巴西劳动力市场（他的研究结果是对正式部门的直接管制直接造成了劳动力市场产生分割），Thomas 和 Vallee（1996）对喀麦隆劳动力市场，分别进行了实证研究。

另一方面是对不同形式的劳动力市场分割的存在进行的验证。Reid 和 Rubin（2003）将影响工资收入的结构性因素，按照主要—次要劳动力市场、核心—边缘岗位两个维度，划分了 4 个种类，按照这

4 种因素，他们跟踪调查了美国 1974 年开始持续了 26 年的劳动力市场分割的变迁，实证分析了种族、性别等因素对劳动者收入的影响，研究的结果是“尽管白人男性曾经历过就业和收入上最大幅度的下降，但他们一直比女性和非白色人种在劳动力市场上保持着绝对的优势”。

Bullow 和 Summers 在 Shapiro 和 Stiglits 的怠工模型的基础上，提出了一个二元劳动力市场模型。在该模型中，主要、次要劳动力市场的区别在于劳动能否得到完美监督。根据效率工资模型理论，主要市场中的劳动者因为劳动不能被完美监督，因而获得高于市场出清水平的效率工资以保证其不偷懒；而次要市场中的工人由于劳动能够被完美监督，只能获得边际生产率工资。均衡状态就是，同质劳动力在主要劳动力市场中获得的工资高过在次要劳动力市场中的工资。主要劳动力市场中的企业不接受次要市场中的劳动者，因为他们不想因为雇用了低工资的劳动者，而鼓励员工的偷懒行为。人为设置障碍的结果就是均衡状态下劳动力市场分割的形成。一言以蔽之，工作本身的特征造成了工资水平的差距和劳动力市场的分割。

Arai（1997）认为，产品的需求是否稳定与企业中的员工之间是否形成了合作信任关系，是劳动力市场分割之所以存在的两个基本原因。其中第一个原因“产品的需求是否稳定”，在许多学者的研究中都曾受到过关注，Kazuhiro Arai 在此基础上进一步认为，员工之间的合作和信任同样可能导致劳动力市场分割。他认为合作能够产生高生产率进而提高企业的收益，较高的企业收益又使企业具备了提供给员工高收入、高工作保障的能力，从而进一步提高企业内部的合作和信任水平。在竞争性均衡中，主要劳动力市场中的企业往往进入的是“提高职业保障→激发员工信任与合作→提高劳动生产率”的良性循环。但次要劳动力市场中的企业为了及时应对产品需求的变动，则必须通过在即期劳动力市场上雇用工人，来调整劳动力的投入。

在复兴阶段，劳动力市场分割理论产生了第二个突破——引入制度经济学后，内部劳动力市场的效率基础有了强有力的理论支持。

最初 Doeringer 和 Piore（1970）是从技术的专用性、在职培训和习惯法则这三个角度来解释内部劳动力市场的出现。但直到制度经济学被引入，内部劳动力市场为何能够提高劳动力资源配置效率这一谜题才得以完全解开。在制度经济学看来，任何经济制度的建立都是以节约交易成本为目的的（企业这种制度亦是如此）。信息完全时，交易成本为零，则短期合约即可实现资源的有效配置。但现实中根本无法实现完全信息，交易成本也就不可能为零，因此长期合约的优势就更为明显：长期合约意味着重复博弈，这种方式激励了雇佣双方的合作，弱化了双方的机会主义倾向，有助于提高经济运行的效率。可以看出，内部劳动力市场中的就业制度以及其他安排，其本质就是长期合约。

对劳动力市场“二元性”和内部劳动力市场的效率基础这两个重大理论问题的突破，标志着劳动力市场分割理论的成熟，也标志着它与主流经济学的融合。

在这一理论框架下，Webster（2001）提出由于人力资本这一无形资本的特性，劳动者的工作经验和技能水平在使用的过程中会得到极化，这也正是劳动力市场分割存在的原因；Fan（2002）分析了中国城市中的劳动力市场，发现在人力资本、工作转换、劳动力市场的进入和转移等方面，城市中的永久移民有绝对优势，其次是本地居民，短期移民则处于最末位，城市中新的层级次序证明了在经济转型过程中，分割进一步深化；Constant 和 Massey（2003）比较了移民和德国本地居民在进入劳动力市场之初工作机会和收入水平上的差异；Hudson（2007）的研究发现，20 世纪 70 年代以来，美国劳动力市场的分割程度有了本质上的提升，劳动者在进入劳动力市场的最初阶段，几乎都是从次要劳动力市场开始，然后渐渐离开这个市场去寻找更好的工作，分别进入主要和普通劳动力市场，非标准化工作和公民身份取代了种族和性别成为劳动力市场分割的直接原因；Carrasco 和 Jimeno 等（2008）发现，尽管 20 世纪 90 年代后半段，西班牙有大量移民涌入，但对本地劳动者并未产生明显的负面影响。

2.2.4 劳动力市场分割理论的经典模型

关于劳动力分割，学者们提出了 3 个经典的模型，庇奥尔模型、慕尼黑模型和莫克模型。

（1）庇奥尔模型（Pioro Model）

庇奥尔模型源自 Pioro 的理论。最初的文章《二元劳动市场》中，Pioro将整个劳动市场分为主要和次要劳动力市场两个部分（其中主要劳动市场中的企业不仅提供较高的工资和很好的工作环境，还定期对员工进行培训，员工能很清晰地看到自己在企业中的晋升机会；而次要劳动市场中的企业一般工资水平不高，并且工作条件差，在员工看来这些不稳定的工作是没有发展前途的；两类劳动力市场之间存在流动壁垒，表现在主要劳动市场中的劳动力不接受次要劳动市场中的就业机会，次要劳动力市场中的劳动力则不能够进入主要劳动市场去就业）。到了 1975 年，他在《对劳动市场分层理论之注释》一文中，进一步细化了劳动力市场的分层，将二元分割理论发展成为三元分割——主要劳动力市场被细分为上下两层。劳动力市场中的这三个层次具有各自不同的职业特征、家庭特征，从这个角度来看这3个层次又分别对应着社会中的中产阶层、劳动阶层和贫困阶层——如他自己所言，对劳动市场作了“社会的”划分（Piore，1975）。在庇奥尔模型中，劳动力原本所属的阶层将对其在分割的劳动力市场中最终的位置产生很大影响。新劳动力迟早要进入劳动市场，无论其来自低层社会还是高层社会。随着年龄和阅历的增长，到了一定时期，来自中产阶层的劳动力、来自劳动阶层的劳动力与来自贫困阶层的劳动力，分别流向其对应的劳动力市场的上层、中层、下层。正是由于阶级状况与家庭背景影响的存在，贫困阶层的劳动者究竟可以调整到3个分割的劳动力市场中的哪一个，往往取决于他们最初可以得到的工作的类型。

（2）慕尼黑模型（Munich Model）

1974年，德国的Lutz和Sengenberger在Becker“人力资本”理论的基础上，糅合了Kerr的“巴尔干化”、Piore的“内部—外部劳动市场”，对劳动力市场进行了划分，按照这种方式，劳动力市场被划分为三类次级市场形式：

①一般亚市场（Unspecific Sub - Markets）：职业要求的条件和资格专业化程度不高，因此基本上所有人都能够胜任其中的工作，但也能够轻易被取代。

②行会亚市场（Craft Sub - Markets）：由从事相同行业工作的工人构成，其成员在不同企业之间的转职相当容易。当市场上形成对特定专业技能的强大需求时，劳动者便愿意对这项专业技能进行人力资本投资，因为能够获取相当大的投资收益。

③特定企业亚市场（Firm - Specific Sub - Markets）：在这一劳动力市场中，职位对专业技能的要求十分苛刻，某些企业对专业技能有

特定的要求，甚至在有些企业中适用的某一项专业技能在其他企业中根本无用武之地。当这些企业对具备此类专业技能的劳动者存在较大需求时，特定企业亚市场自然就应运而生。并且，由于对此类员工的替换将会给企业带来损失，雇主往往倾向于延续雇佣合同，并有动力对雇员进行相关的人力资本投资。

在慕尼黑学派看来，形成亚市场的决定性因素是进入其中的资格限制条件。因而，劳动力的流动如果出现在亚市场内部，是自由的和被鼓励的；而劳动力如果想要进入不同的亚市场，则会遭遇壁垒的阻碍。

（3）莫克模型（Mok Model）

在庇奥尔模型对劳动市场中二元和三元分析的基础上，1975 年莫克（A. L. Mok）综合考虑了劳动力市场中的经济、组织及文化特征，从两个维度，将劳动力市场分为四个部门，如图 2－2 所示。图中的纵轴代表着对收入水平、工作条件、职业保障等因素的综合考量，从这一维度，可以将劳动市场区分为第一类部门（P）和第二类部门（S）。横轴则从工作角度出发，考虑工作的性质、必需的技能以及级别位置等因素，将劳动力市场分为“内部劳动力市场”（I）和“外部劳动力市场”（E）。这两个维度将整个劳动市场分为四大块，即 PI、PE、SI、SE。每一市场部门所对应的职业及劳动力特征如图 2－2 所示。

第一类部门 内部市场	第一类部门 外部市场
第二类部门 内部市场	第二类部门 外部市场

图 2－2　劳动力市场四分模型

①第一类部门内部市场（PI）：要求技能专业化，提供较长在职培训，有优越的工作条件和职业保障，工作自主性高、承担一定责任，报酬丰厚、有晋升机会。

②第一类部门外部市场（PE）：对技能专业化程度要求不太高，无须太多在职培训，有限的晋升机会，工作自主性较高，报酬相对较高。

③第二类部门内部市场（SI）：要求一定程度技能专业化，有少许在职培训，有晋升机会，但工作自主性、职业稳定性和工作条件都较差，物质报酬也相对较低。

④第二类部门外部市场（SE）：对技能没有专业要求，无在职培训，工作条件差且职业不稳定，工作几乎没有自主性，工资收入也很低。在这类市场中工作的，多是外籍工人或临时工人。

在 Mok A. L. （1976，1979）看来，劳动市场也并非只包括以上四块，而且彼此之间的屏障并非界限分明，而是具有可渗透性，甚至每一个市场又可做多重分割。

2.2.5　我国的劳动力市场分割研究

对劳动力市场分割的研究最初是针对美国劳动力市场进行的，这一研究背景与我国的劳动力市场情况有很大差异。与美英等经济发达、市场成熟的国家不同的是，中国虽然人口众多，劳动力的基数很大，有量的优势，但从“质”的方面来看，劳动力素质参差不齐。并且，经济体制的转型也对劳动力市场产生了重要影响，因而我国的劳动力市场受到双重影响，其分割自有特殊之处。针对我国复杂的劳动力市场分割的局面，学者们也做了很多实证检验，例如，郭丛斌（2004）利用2000年全国城镇住户调查数据，验证了分割的存在。在我国，对于劳动力市场分割的研究，除实证说明分割的存在之外，研究主要是从以下三个方面来进行的：第一，分析我国劳动力市场分割产生的原因；第二，劳动力市场分割产生的影响；第三，市场化程度的提升能否降低劳动力市场分割的程度。

（1）中国劳动力市场分割的成因

在我国，在经济和制度因素的共同作用下，劳动力市场被多重分割，因而并非一个统一的整体，这一点是学者们的共识，在解答“究竟是什么原因造成了我国劳动力市场分割”这一问题时，学者们围绕着制度这一重要因素给出了不尽相同的答案。

赖德胜（1996）认为，尚处于转型阶段的劳动力市场，其分割的基本特征是由传统的城乡劳动力市场分割转变为体制内/外劳动力市场的分割，这也是经济体制改革之后制度环境改变所引发的根本性变化。蔡昉（1998）分析了城市劳动力市场的二元分割，他认为中间存有壁垒的两个劳动力市场分别对应着典型国有企业和新生部门。与蔡昉相同，柏培文（2016）也以改革开放作为一个分界线，他认为在此之前，劳动力市场分割主要体现在由户籍造成的城乡分割上，拥有城乡不同户籍的劳动者，在工资收入和社会福利方面差异巨大；但在改革开放之后，户籍的影响式微，因而城乡劳动力市场分割亦有所减弱。然而，城市劳动力市场中所有制、体制、行业以及户籍等因素交织在一起，造成了更为复杂的劳动力市场分割的局面。郭丛斌（2004）则对劳动力市场内部的分割与职业差异的程度做了研究，他认为，以改革开放为节点，随着经济体制由计划向市场的转变，分割和差异是日渐明显的，随之而来的社会分层状况也更加显著。经济发展水平不同的地区，劳动力市场的分割程度也各异，这或许因为经济发展水平在一定程度上反映了市场的竞争性。李怡乐（2012）从政治经济学角度对我国劳动力市场分割进行了解读，她认为我国分割的劳动力供需关系正是在国家行政力量与市场力量的交错作用下，在我国特定的社会经济因素参与到全球化生产之中并与之互动的过程中形成的。林峰（2016）则认为，我国劳动力没能实现在行政垄断和竞争两种类型行业间自由转移，是因为在当前的博弈中政府从垄断性行业中获得的收益远远高于其在竞争性行业所得——正是行政垄断造成了劳动力市场行业分割。

王天夫、崔晓雄（2010）研究发现，行业通过直接影响不同行业的平均收入和结构性地调整不同行业中个人特征（包括性别、年龄、教育等）的收入回报率两个路径来影响收入分配，进而影响劳动力市场分割。

吴愈晓（2011）的研究显示，高等教育文凭是中国劳动力市场分割的边界，学历高低不同的劳动者，其经济地位获得路径不同：对低学历劳动者而言，“人往高处走”，职业流动往往会带来收入水平的提升，但人力资本存量（受教育年限和工作经验）对收入的影响不大。对高学历劳动者来说，影响收入的最重要的因素是人力资本，职业的频繁流动反而对收入提升没有很大的裨益。

郭丛斌、丁小浩（2004）的实证研究将职业的代际传承作为目标，他们发现，职业的代际传承，才是造成劳动力市场分割的重要推手。他们通过对不同教育层次劳动者的分析发现，高等教育在跨越代际效应这方面作用巨大——相对于那些没有接受高等教育的劳动者而言，接受过高等教育的劳动者最终从事的职业与父母职业的关联较小，流向其他职业的可能性更大，进入主要劳动力市场的可能性也更大。

苏永照（2011）认为，我国劳动力市场分割存在一个自增强循环系统：分割加速了劳动密集型产业的发展，而这一类型产业的快速发展引起了人力资本收益的减小和投资不足，并进一步加剧了劳动力市场分割。

乔明睿、钱雪亚、姚先国（2009）认为，户籍对劳动力市场分割的影响巨大且深远。首先，户籍很大程度上限制了农村劳动力进入主要劳动力市场；其次，拥有城镇户籍的劳动者无论在从事职业还是在工作单位、工作岗位的选择上都具有明显优势——不仅主要劳动力市场上的就业机会几乎被他们完全垄断，而且即使同处于次要劳动力市场，他们也比农村户籍的劳动者的地位更优越。章莉、李实（2016）也认为户籍是造成劳动力市场分割的重要原因，农村户籍不仅将农民工拒之于"高水平城镇社会保障"门外，而且促使他们大量涌入城市低端劳动力市场。姚先国、叶环宝、钱雪亚等（2016）通过调查发现，尽管居住证制度的实施，淡化了农业/非农业户口之间的性质区分，意在从制度方面消除劳动力市场城乡分割的基础，但前置于户口之上的城乡之间人力资本投资差异仍旧造成了在某些竞争中农村劳动者的相对机会低于城镇劳动者。

范雷（2012）认为，在快速的人口城市化进程中，原有导致劳动力市场分割的体制性因素，其影响力正在由直接影响转变为间接影响，即在劳动力市场外发挥作用。

表 2－1　劳动力市场分割理论总结

	个人因素（经济系统内生）	制度因素	产品市场
产生	Weisskoff, Bluestone, Bowles, Gintis, Gordon, Harrison, Reich, Wachtel, Betsey, Zellner：种族、性别、教育程度、工业集团化	Doeringer, Piore; Bosanquet, Doeringer：内部劳动力市场	Doeringer, Piore; Bosanquet, Doeringer：企业特殊技能的需求

续表

	个人因素（经济系统内生）	制度因素	产品市场
发展	Hicks：将自由劳动力市场分为3个等级	Reich，Gordon，Edwards：资本主义内在的政治经济力量——为了稳定高素质工人队伍和分裂工人群体	
复兴	Reid，Rubinz：种族、性别 Hiebert，Hudson：是否外来移民 Webster：人力资本存量	Thomas，Vallee：劳工管制 Chen and Edin；Arbache：效率工资 Bullow and Summers：能否完美监督 蔡昉：所有制 张华初、王德文：户籍 杨宜勇：产业 许经勇：行政或政策因素 张展新：传统的劳动制度安排，国家垄断和市场机制的结合 郭丛斌、丁小浩：职业的代际传承	Berger ，Piore：产品需求的稳定与否影响到劳动力需求 Krueger，Summers：行业的非竞争性租金 Kazuhiro Arai：产品需求稳定状况，员工之间的合作信任关系 Hudson：工作非标准化

（2）劳动力市场分割的影响

市场之所以能够对资源进行高效配置，正是因其竞争机制的作用。劳动力市场分割的存在，削弱了竞争机制的作用，降低了其对劳动力的配置效率，也加剧了劳动者收入差距，不利于经济的健康发展。持这一观点的包括陈钊、陆铭、柏培文等。陈钊、陆铭、佐藤宏（2009）认为，劳动力市场的进入障碍和产品市场的行业垄断共同造成了行业间的收入差距：产品市场上的行业垄断其目的在于获取超额利润，而借助劳动力市场分割，则使特定行业的超额利润可以转化为个人的垄断收入。柏培文（2016）也认为在要素市场中，劳动力市场的发展相对滞后，劳动力的有效流动被主要、次要劳动力市场间的壁垒阻碍，扭曲了劳动力配置扭曲，不利于经济的健康发展。赖德胜（1997，1998）的研究结果显示，教育收益率的提升障碍，主要来自劳动力市场的制度分割和户籍制度。除此之外，劳动力市场分割也严重影响了劳动者个人的保留工资——以户籍制度为分割指标的估算结果表明，城镇户口求职者的保留工资显著地高于农村户口求职者的保留工资（田永坡，2010）。

受劳动力市场分割影响最大的两个群体——大学毕业生和农民工，得到了学者们的普遍关注。

赖德胜（2001）发现，占全国劳动力很小比例的大学毕业生找工作越来越难，他把这种看似矛盾的现象归因于劳动力市场分割制度背景下大学毕业生与用人单位相互搜寻的结果。他认为，劳动力市场分割的存在是导致巨大城乡收入差距和过高工作转换成本的直接原因，而这两个因素也正是大学毕业生留在城市寻找工作与城市用人单位无法接收更多大学毕业生的最主要原因。

高原、丁世青（2012）认为，劳动力市场分割的存在，使很多大学生在次要劳动力市场上“自愿性失业”，这一摩擦性失业的出现降低了劳动力市场运行的效率，阻碍了劳动力的合理配置。张岳伦（2009）也认为大学生选择性失业很大程度上是因为劳动力市场存在地域、就业单位性质、职业等级、政策制度等方面的分割。马东利（2011）把主要、次要劳动力市场过大的收入差距和严格的户籍档案制度作为阻碍大学毕业生在主次劳动力市场之间的自由流动的重要阻碍因素。龚玉霞、李彦启（2011）认为，正是由于劳动力市场分割的存在，才会出现在大城市、发达地区、规模大的外资企业、大型国有企业、政府部门、金融部门等主要劳动力市场中供过于求，人才高消费甚至人才浪费，与偏远地区，次要劳动力市场中大学生供不应求、选择性失业共存的现象。聂颖（2010）则认为，公共资源分配体系的差异、市场中部门的分割以及行业收益的差距共同造成大学生就业的局限。

姚先国、乔明睿、来君（2009）通过对杭州市农民工永久性迁移意愿的调查发现，劳动力市场的分割，使劳动者无法形成稳定的制度预期，因而主要采取“候鸟式”的流动就业模式，在工作中也少有提升自身劳动技能水平、加强人力资本积累的意愿；面对“高度流动性”就业人群的企业，自然也缺乏调整或升级产业结构的动力和可能。两者合力，造成了劳动密集型企业的过度发展与过度竞争，其导致的直接结果就是劳动力市场中一方面存在着强烈的劳动力需求，另一方面工资水平的提升空间相当有限，两者之间存在着不可调和的矛盾，并且这一矛盾有日益尖锐的趋势。李骏、顾燕峰（2011）的研究将外来与本地工人在就业机会和收入水平方面的不平等，归因于户口类别（城镇/农村）和户口所在地（本地/外地）的共同作用。张春泥（2011）也认为，农民工工作的高度不稳定性主要是由户籍歧视导致的。张永丽、杨志权（2008）经研究发现，劳动力市场分割不仅严重限制了农村外出劳动力的职业选择及其在职业间的流动，还对流动劳动者的流动方式，以及就业稳定性产生影响，也因此影响了流动劳动者的收入水平和他们对将来的发展预期。鉴于此，流动劳动者的现状不乐观，因为他们无法与城市职工享受同等的工资，也没有对教育、社会保障等社会福利的同等权利。这种情况也同样出现在东部沿海地区，尽管当地的非公有制经济发展蓬勃。陈宪、黄健柏（2009）通过实证研究也发现，在控制其他条件的前提下，农民工的就业呈现出与劳动力市场城乡分割及行业分割之间负相关的关系。

（3）市场化程度的影响

关于市场化程度以及经济发展水平对劳动力市场分割的影响究

竟是增强还是削弱，学者们的意见并不统一。

有些学者认为市场化程度的提高加剧了劳动力市场的分割。例如，边燕杰、张展新（2002）发现，伴随着劳动力市场化程度的提高，人力资本和政治资本的回报也得到了提升；刘精明（2006）也提出，市场化程度的加深，使教育收益率在国家规制力量作用大的部门与市场化程度更高的部门之间存在差异，教育收益率在前者中的增幅大于后者；张义博、付明卫（2011）的研究，进一步证实了市场化水平的提升不仅加深了人力资本对收入的影响，还令公共和国有部门收入更高，因为这些部门拥有更多的政治资本。

另一些学者则认为，经济发展水平以及市场化程度的提高，会削减劳动力市场分割的影响。例如，郭丛斌（2004）认为，随着市场竞争性的提高及其带来的地区经济发展水平的提高，劳动力市场分割程度会逐渐减弱。范雷（2012）则认为，提高人口快速城镇化的质量在消除由体制性因素造成的、以区域城市化水平为基础的劳动力市场纵向分割方面是有效的。

可以看出，在现有劳动力市场分割相关文献中，研究重点在于：①证实劳动力市场分割的存在现状；②寻找劳动力市场分割的形成机制；③探究劳动力市场分割造成的经济影响。在针对第三个重点的研究中，学者们广为关注的是分割造成的效率的损失，以及由此带来的不公平，而以劳动力市场分割作为既定前提，研究其对教育投资的影响则不多见。

2.3 劳动力市场分割与高等教育

对于劳动力市场分割究竟与高等教育之间存在怎样的关系这一问题，学者们的回答基本统一，即劳动力市场分割与接受高等教育是相互影响互为因果的。

在我国高校毕业生就业难，“毕业即失业”状况频现的背景下，以往的研究中，大部分学者将重点放在劳动力市场分割由哪些因素造成，进而对高校毕业生的就业情况产生的影响，尤其是负面影响上。

2.3.1 劳动力市场分割造成了过度教育

姚白羽（2008）用数据验证了全社会受教育程度普遍提高与好工作难找两种现象并存并相互影响，论证了劳动力市场分割是过度教育，即高学历者就业难的根本原因的基本观点。李瑞青（2008）也认为，由于教育需求和劳动力需求的相互影响，劳动力市场分割给高等教育发展带来了诸如教育相对过剩、高学历人才两极分化、高等职业教育专业结构失衡等问题。赵修渝、陈杰（2005）则认为，我国广泛存在的高校毕业生就业难，高才低就，以及为了就业盲目攀升教育层次等现象并不意味着人才的“过剩”和教育的“超前”，而是一种教育总体严重不足前提下的相对过剩。文章认为制度等因素造成的劳动力市场分割，提高了流动成本，限制了就业选择，从而使我国出现了沿海大中城市教育过剩而广大农村地区和西部地区教育绝对不足的相对过剩现象。李锋亮、陈鑫磊（2013）将劳动力市场分割以风险的形式纳入研究，建立了教育投资实物期权定价模型，通过实证研究，发现城乡、性别、地区三种劳动力市场分割对教育投资的风险价值影响排序为城乡 < 性别 < 地区，三种劳动力市场分割对初中至大学的实物期权价值影响排序为城乡 > 性别 > 地区，两者的排序正好反向：恰好证明中国劳动力市场存在多重分割。由此提出提高弱势群体的教育机会，有助于提高教育公平，也符合效率原则。范皑皑、丁小浩（2013）分析了当前高等教育毕业生面临的就业环境，认为文凭社会与劳动力市场分割是其面临的最大问题，高等教育毕业生在主要劳动力市场的激烈竞争是导致国有企业员工过度教育的重要原因。而高等教育毕业生之所以都选择在主要劳动力市场竞争工作岗位的原因在于，身处不同市场的员工得到的教育补偿差别较大：主要劳动力市场的员工即使发生过度教育，也能通过收入和其他福利获得补偿，而次要劳动力市场的员工文凭贬值现象比较严重。

2.3.2 劳动力市场分割与失业

钱智勇、柏禄逊（2009）认为，由于主要劳动力市场支付的是高于均衡工资的效率工资，市场不能达到出清的状态，必然存在失业；为了获取高效率的劳动者，主要劳动力市场的雇主必须对雇员进行严格的筛选；教育作为最重要的筛选条件，在其中起着信号作用。

2.3.3 教育对劳动力市场分割的反作用

郭丛斌（2008）认为，教育具有改善代际流动的劳动力市场分割程度的功能，是弱势社会群体的子女提升其经济和社会地位的重要工具。其中，高等教育在促进代际流动方面的功能最强。教育改善代际流动这一功能的实现，不仅有赖于经济发展水平的提高，更要依靠教育本身的发展以及高等教育机会的公平分布。

2.3.4 劳动力市场分割对高等教育决策的影响

在劳动力市场分割框架之下对高等教育决策的研究，主要从两个视角来进行：一部分从个人角度出发，延续了“理性经济人”的假设，学者们提出学生在接受教育成本一定的前提下，基于比较进入主要、次要劳动力市场的收益与可能性，做出理性决策（赵卫锋，2008；刘文晓，2015）；另一部分从家庭的角度出发，认为中国家庭通常把教育水平的提高看作突破劳动力市场二元结构壁垒的重要途径，因而对子女的高等教育投资热情极高（赵卫锋，2008）。

在劳动力市场分割背景下的家庭高等教育决策的研究文献，相对来说比较少。事实上，在我国，是否接受高等教育，通常是一个家庭的共同决策。在决策过程中，家长往往居于主导地位。而在家长的众多考虑中，学生毕业后能否进入主要劳动力市场，获得一份“体面”的工作，是非常重要的考虑因素。另外，尽管家庭决策者的决策水平可能参差不齐，但他们都会在现有条件下保持理性决策。本书的研究正是基于以上现实，试图通过社会资本的引入，研究劳动力市场分割如何影响了高等教育的预期收益进而影响家庭高等教育决策。

2.4 社会资本理论

在本书的研究中，劳动力市场分割是通过家庭所掌握的社会资本的多寡对高等教育决策产生影响的。因此，在此需要对社会资本理论做出简单介绍。

首次正式界定社会资本的是法国社会学家布迪厄（Bourdieu），他提出社会资本是实际的或潜在的资源的集合体，这些资源与对大家共同熟悉或认可的制度化关系的持久网络的占有联系在一起，是一种体制化的关系网络（1985）。随后，Coleman（1988）将社会资本定义为“个人拥有的社会结构资源”，并将其表现形式分为5种，分别为“义务与期望”信息网络、规范与有效惩罚、权威关系、多功能社会组织和有意创建的社会组织。在他看来，社会资本是不可转让的，并且对于受益者而言具有公共物品的性质。Putnam（1993）在研究意大利南北政府绩效时也引入了社会资本，他给社会资本的定义是“能够通过协调的行动来提高经济效率的社会网络、信任和社会规范”①。Putnam（1996）认为，西方发达国家和以种族社群为基础的东亚国家一样，社会资本在其中增强了信任，降低了交易的成本，提高了效率和灵活性，进而推动了经济的发展。

在此基础上，众多社会科学家分别从不同的视角解释了社会资本，并用它来研究一系列社会问题和经济发展问题（Pauls. Adler，Seok－Woo Kwon，2001）。例如，Burt（1992）、Fukuyama（1995）、Lin（2001）等。

我国的学者，如张广利、桂勇（2003）比较了中西方的社会资本的差异——在中国，家庭成员共享家庭的经济和社会资源，由亲到疏，从血缘关系往外推广为地缘、学缘等关系构成了一个差序的人际关系网，因而，在中国，社会关系可以是“私有的”和“可转让的”。无独有偶，Riddle，Mark David（2005）也认为社会资本会在家庭内部传递，家长是通过文化资本的形式对孩子产生影响，并将社会资本传递给下一代的。

在社会资本理论中，按照所属层面的不同，社会资本可以分为家庭社会资本和社区社会资本，家庭社会资本指的是由血缘、亲缘、地缘和业缘等组成的社会关系网，即亲戚、朋友、老乡、同事或邻居等各种社会关系；后者将制度、信任和规范等作为维系社会网络的重要工具。在本书的研究中，关注的是家庭所掌握的社会资本对子女高等教育决策的影响，因而只涉及家庭层面的社会资本。

① Putnam R.，R. Leonardi and R. Nanetti，Making Democracy Working：Civic Tradition and Modern Italy[J]. *Princeton*：*Princeton University Press*，1993.

2.5 本章小结

综上所述，以上文献与本书接下来的研究有如下联系：

第一，国内外学者对劳动力市场分割的研究，多集中于实证研究，以及产生原因和造成后果的分析。而在本书的研究中，将劳动力市场分割作为家庭高等教育决策的背景，重在考虑分割的市场前影响。

第二，本书的分析沿袭了高等教育决策理论的理性“经济人”分析方法，但把家庭作为决策的基本单位，即从家庭的角度来进行成本—收益分析，以此作为高等教育决策的重要依据。虽然大部分学者提出“教育是最大的公平”，但在本书的研究中发现，由于预期回报率的不同，不同收入水平的家庭，往往会做出不同的决策——教育机会因此并不公平。

3 家庭高等教育决策的影响因素

3.1 导言

人力资本理论认为，教育是人力资本投资最重要的形式之一。从经济的角度看，教育可以提高劳动力的生产率，进而提高其收入；从社会的角度看，教育是改变社会阶层、促进社会公平的重要工具。因而，教育，尤其是高等教育无论对接受者本人还是对其家庭都具有十分重要的意义。对家庭来说，高等教育决策受到诸多因素的影响。而在劳动力市场分割的前提下，这些影响因素的作用有可能被放大。因此，在本章中，将首先对影响家庭高等教育决策的家庭收入、成本—收益分析等因素进行详尽的分析，接下来分析劳动力市场分割如何将这些影响放大。

3.2 家庭高等教育决策的影响因素

3.2.1 家庭收入对家庭高等教育投资的影响

家庭经济条件对家庭的教育投资影响深远，通常情况是，家庭高等教育投资的支出与家庭收入水平呈正相关关系，因为家庭收入水平直接决定了家庭的支付能力，也即对子女教育投资的承受能力，只要能负担得起高等教育所需支出，绝大部分家长愿意对子女的教育进行投资。最具代表性的是舒尔茨（Schultz）的观点，他认为，对于收入较低的家庭而言，由于面临银行或是个人的借贷约束，高等教育的投资风险巨大，出于对风险的厌恶，即使高等教育投资有可能带来较高的投资回报率，家长对其子女的教育投资热情依旧不高。有研究表明（钟宇平、陆根书，2003），收入越低的家庭对高等教育的学费越敏感[①]，而且学费越高，不同受教育程度的父母之间、不同收入水平的家庭之间、城乡家庭之间，对投资于高等教育的态度分歧就越大。在相同条件下，城镇居民的投资意愿显著高出农村居民。当学费高于6000元，不同收入水平的家庭对于高等教育的付费意愿的差距开始不断拉大。[②] 不仅如此，不同收入水平的家庭在选择学校和专业时考虑的因素也存在相当大的差异。一般情况下，低收入家庭考虑更多的是，学费高低、获得补助或奖励的可能性及数量、生活费用的高低等与高等教育成本有紧密联系的因素。而高收入家庭则会将学校的学术地位、子女理想的专业，以及毕业后继续深造的机会等因素作为首要考虑因素。

家庭的经济条件不仅影响家长对子女高等教育投资的意愿，还影响到子女的成绩，以及高等教育是否能完成，能否带来预期收益。研究证明，家庭收入的增长对子女各个教育阶段的成绩均发挥了重要的促进作用——家庭收入的增长带来了家庭更高的教育支出，子女更低的辍学率、降级率，进而更有可能获取高等教育的预期收益。换言之，家庭收入的高低除决定家庭对高等教育的支付能力之外，从

① 钟宇平，陆根书．中国大学生价格反应行为的基本特征[J]．清华大学教育研究，2003，24(2)：35－44.

② 闵维方．高等教育运行机制研究[M]．北京：高等教育出版社，2002.

某种角度来看，还决定了高等教育投资风险的大小。

然而，除经济性的原因之外，心理因素也可能促使家庭做出与收入水平不相符的决策——在他人的影响下，在“鸡窝里飞出金凤凰”的满足感这种心理的作用下，以及由于决策者对高等教育投资风险的认识不足，有不少低收入家庭，做出超出家庭支付能力的选择，举全家之力（通过向亲戚借债）投资于子女的高等教育。

此外，不同地域的家庭对待高等教育投资决策的态度也存在很大差异，例如，在西部的一些农业区，家庭收入水平对高等教育投资的制约作用更加明显，这可能与区域性家庭收入差异以及对待教育投资的地方习俗有着密不可分的关系。

3.2.2 成本与收益对家庭高等教育投资的影响

接受教育是一件一体两面的事情，教育支出兼具消费和投资双重属性。因而，接受教育的支出既可视为消费，这就是说，接受教育的人在消费过程中，提升了自身的效用，效用的提升可能来自舒适的环境、丰富的课余生活、志趣相投的朋友、对高雅艺术的欣赏能力等方面；也可视为人力资本投资，即高等教育的支出，其目的在于未来的回报和收益——提升人力资本存量，从而提高工资收入，提高晋升的可能性。

1963 年，教育成本的概念首先在舒尔茨的专著中被引入。舒尔茨对教育成本进行了划分，他把教育成本分为教育服务成本与间接成本两个部分。除此之外，接受高等教育还需要付出一定的心理成本。其中，直接成本是指在教育过程中的直接花费（如学生所缴纳的学费等），间接成本是指进入劳动年龄的学生由于上学未能就业而损失的机会成本，心理成本则是指接受教育的学生有可能遭遇的较强的学习压力等（这部分成本是无法通过货币直接计算的）。

家庭对子女高等教育的投资动力，与其他投资一样，取决于预期收益与投资成本的关系。一般来说，只有预期收益至少足以补偿投资成本，投资才是划算的。家庭对子女的高等教育投资，亦是如此。高等教育投资所带来最直接的收益即个人工资水平的提升（个人工资水平的提升指的是接受高等教育所得工资收入高出只接受高中教育所得工资收入的部分）。进行高等教育投资收益分析的理论方法主要有以下两种。第一，净现值法，以接受高等教育的净现值是否大于0作为衡量此项教育投资是否值得进行的标准；第二，内部收益率法，首先通过公式计算出教育投资的内部收益率，该数值越大，则该项教育投资越划算。

对家庭而言，接受高等教育的成本基本是固定的（直接成本和间接成本均可以根据现行的大学收费水平和高中毕业生基本工资水平做出较为准确的预估），因此决定是否投资于子女的高等教育，主要取决于该项投资带来的收益。高等教育带来的收益包括可用货币计量的经济收益与不能用货币计量的社会收益。教育的经济收益，是劳动者由于接受一定的教育，不断挖掘蕴藏于劳动者自身的生产能力，从而获得的更多的知识与劳动技能，最终体现为其在工作中获取的工资、津贴等收入的增量。另外，从人力资本投资的角度来看，劳动者个人接受的教育水平越高，其自身所储存的人力资本存量就越高，如此一来，他就更容易进入高收入行业，保持较高的收入水平以及较强的职业和收入保障。不仅如此，由于教育投资的收益具有长期性的特点，随着时间的推移，劳动者之间由于接受教育程度的不同而带来收入的绝对差距会进一步加大——受教育程度较高的劳动者不仅收入起点高，而且增长速度快，教育收益率较高；而受教育程度低的劳动者的就业情况会逐渐恶化，致使其教育收益率长期维持在较低的水平。

知识自身是具有延续性的，因而，事实上，无论是分析解决问题的能力还是再学习的能力，都会随着劳动者实践经验的累积和丰富而不断提高，成为劳动者获取新知识的更高的起点。这些因素除带给劳动者经济收益之外，还会为其带来无尽的难以用货币来计量的社会性收益，例如，政治收益——体现在向上的阶层流动与社会地位的提升、工作环境的改善、更多的晋升机会以及区域流动的机会；精神收益——体现在选择配偶的便利、更幸福的婚姻、真诚的友谊、能够互助的社交圈；家庭生活的收益——突出体现在接受更多教育的劳动者有更良好的卫生习惯、更健康的生活方式、较少的不良嗜好，以及更高的闲暇质量，而这些因素都是可以代际传递的；经济理性的提高——体现为更理性的消费行为、更有效的费用支出，以及更合理的家庭财富配置方式。

高等教育作为促进个人和社会发展的手段，它的投资和收益都是长期的。因而，在获取收益的过程中，会有很多因素对其产生重大影响：

首先，不同地区的工资收入水平存在巨大差异。

在我国，工资水平的地区差异巨大：经济发达的北上广深等大城市，以及经济较发达的东部地区的工资水平，与经济欠发达的中西部地区的工资水平存在很大的差距，因而从高等教育的边际收益来看，经济较发达的东部地区也高于欠发达的中西部地区。虽然做出高等教育决策的家庭可能处于经济欠发达地区，但他们对高等教育的预期收益往往是以北上广深以及东部经济较发达地区的收入水平为参照的，这就有可能使对教育投资收益的预期过高，进而对家庭投资于高等教育形成激励。而地区间工资收入水平的差异，也使劳动者在完成高等教育择业之时，为了更高的收入（或收益），求职首选之地往往会确定为北上广深及东部地区。

其次，毕业之后的就业率影响了高等教育收益的实现。

我国的高等教育经历了一段“大跃进式”的发展之后，每年高校毕业生的数量在加速增长。从教育部公布的数字来看，1999—2007年，全国普通高校毕业生每年都在增长，并且呈加速增长的态势，2007 年、2008 年的增量更是达到80 万人左右，2016 年高校毕业生达到760. 57 万人（见表 3 -1），占当年新增劳动力的一半以上（2016年新增劳动力大约为1500 万人[①]）。由此可见，高校毕业生的就业压力日益严重。根据麦可思的数据，2010—2015 届本科应届毕业生获得全职工作机会的比例从 82. 6% 下降为 74. 2% 。[②] 在如此严重的就业压力之下，完成高等教育之后，劳动者能否获得高等教育带来的收益，能获取多大比例的收益，都是未知数。

表 3 -1　2007—2016 年中国普通高等学校毕业生人数及增长率

单位：万人

年份	2007	2008	2009	2010	2011	2012	2013	2014	2015	2016
研究生	31. 18	34. 48	37. 13	38. 36	43. 00	48. 65	51. 36	53. 59	55. 15	56. 39
增长量	5. 59	3. 3	2. 65	1. 23	4. 64	5. 65	2. 72	2. 22	1. 57	1. 24
增长率	21. 84%	10. 58%	7. 69%	3. 31%	12. 09%	13. 13%	5. 59%	4. 33%	2. 9%	2. 3%
本专科	447. 79	511. 95	531. 10	575. 42	608. 16	624. 73	638. 72	659. 37	680. 89	704. 18
增长量	70. 32	64. 16	19. 15	44. 32	32. 73	16. 58	13. 99	20. 65	21. 52	23. 29
增长率	18. 63%	14. 33%	3. 74%	8. 34%	5. 69%	2. 73%	2. 24%	3. 23%	3. 3%	3. 4%

数据来源：http：//www. moe. gov. cn/jyb_ sjzl/sjzl_ fztjgb/，中华人民共和国教育部网站发布的历年《全国教育事业发展统计公报》。公报的发布日期为次年 5—7 月。

注：研究生包括硕士和博士研究生。

① http://www. chinanews. com/gn/2016/07 -13/7938294. shtml，新浪新闻 2016 年 7 月 13 日。

② 数据来自麦可思大学生就业调查报告 2016 蓝皮书。

3.2.3 投资风险与家庭高等教育投资决策

家庭高等教育投资是作为投资的一种，必然具备一切投资的共性——投资的不确定性及其带来的投资风险。家庭高等教育投资的决策在进行投资决策时是无法做到事无巨细地充分了解和估计的，他们对投资中可能出现的情况也不可能做到一一准确预知，因而高等教育投资预期收益的实现不能得到保障，这项投资不可避免地会存在一定风险。另外，作为与收益联系最紧密的教育层次，高等教育与其他投资方式相比，所面临的风险有一定的特殊性：首先，高等教育投资，尤其是学校高等教育投资，必须以完成上一级教育活动为基础才能进行更高一级的教育投资，一般而言，这是不可逆转和跨越的直线型的单一投资形式，这一特点决定了高等教育投资方式是不可离散化的（如不能在接受本科教育的同时接受硕士或博士教育），因而家庭注定不可能通过分散投资来降低高等教育投资的风险。其次，由于信息不对称，接受高等教育者的个人能力、学习努力程度难以得到准确度量，在接受高等教育过程中也可能由于受到各种诱惑而违背其接受高等教育的初衷，做出转专业、退学等举动，从而高等教育的收益难以得到保证。再次，人力资本依附于劳动者，无法对其进行出售或转让，因而一旦劳动者无法实现就业，其所具有的人力资本就得不到有效利用，更无法因此获取收益。另外，人力资本的价值还可能随着科技的进步而迅速降低。最后，高等教育投资所形成的人力资本，其包含的内容是特定且不可逆的，一旦几年的高等教育所形成的人力资本无法在劳动力市场兑现收益，投资失败的全部损失将由劳动者个人承担。

从家庭高等教育投资决策到投资收益的获得，家庭面对的高等教育投资风险可能源自以下 3 个方面：

首先，决策者的投资决策存在非理性的风险。

对于家庭高等教育投资决策者而言，必须掌握至少两方面的信息。一方面，要对高等教育机构的等级及其所能够提供的高等教育的水平和质量有所了解。另一方面，要对子女的性格特征、兴趣爱好、适合专业等有清楚的认识。身处信息化社会，高等教育机构几无例外都会通过设置网站宣传自己，高等教育的招生、录取也基本完全实现网上操作、透明化。尽管如此，决策者所掌握的有关高等教育机构的信息仍旧是不完全的。原因在于，对高等教育机构而言，只要是宣传，都存在言过其实的可能，而决策者作为局外人，由于信息不对称，不可能对每一个高等教育机构在业界的地位、成就、优势都达到完全了解的程度。另外，由于不具备职业生涯规划的相关知识，大部分高等教育投资决策者通常很难对子女的性格特征、兴趣爱好及特长做出科学的审视和客观的评价，在专业选择上往往是以热门专业或职业为目标，这就有可能带来劳动者本身的特质与其所学专业不匹配的风险。另外，家庭高等教育的决策者本身的决策能力是参差不齐的，受制于家庭所处的阶层、自身的学识、修养、眼界以及知识水平，不是所有的决策者都有能力分析处理相关信息，并能在决策过程中保持理性与高效，因而，存在决策者盲目跟风、随意决策的风险。

其次，学生在接受教育过程中可能受到的各种冲击。

在接受高等教育的过程中，未来的劳动者也会受到各种诱惑甚至冲击。特别是在我国，在繁重的高中学习之后进入相对轻松的大学学习阶段，面对丰富的大学生活和校园内外的诸多诱惑，再加上缺少高中时期父母严格的管束，不少学生放松了对自己的要求。成功进入大学但由于各种原因中途辍学、退学以至于没能完成学业的情况时有发生。由于高等教育投资收益的非线性，没能完成学业的劳动者与顺利完成学业的劳动者之间存在着较大的收入差异。另外，由于高等教育的收益期与决策期存在较长的时间间隔，高等教育接受者并不能确定他们已经开始投资的高等教育专业能否适应未来劳动力市场的需求。选择不同专业的学生之间存在较大的收入差距，如果发现专业选择不当，需要做出调整，其成本往往是高昂的，甚至如海市蜃楼一般无法实现。

最后，高等教育投资的事后风险。

高等教育投资的事后风险，指的是个人顺利完成了高等教育投资，但市场对劳动力的需求发生了变动，也就是劳动力市场的不确定性带来的风险。首先，为了方便甄别，劳动力市场中通常把劳动者毕业学校的层次作为信号，这直接导致毕业生的就业率以及工资收入受学校的影响比较显著，通常学校层次越高，就业率越高，工资收入越高，风险相对较小。其次，高等教育是一个漫长的过程，在劳动者完成高等教育的过程中，由于产品的更新换代、产业结构的调整、科技的进步甚至飞跃，劳动力市场中可能发生巨大变化，劳动力需求可能发生结构性变化。① 例如，计算机的普及使打字员这一职业消失，而网络游戏的盛行催生了游戏体验师这一职业的诞生。相应地，对劳动力在知识、能力、素养方面提出新的匹配条件和要求，而这些变化可能是决策者做出高等教育投资决策时始料未及的。最后，在我国，通过学校

---

① 根据麦可思的调查数据，从吸纳毕业生的规模来看，“媒体、信息及通信产业”上升较快，其接收本科毕业生的比例由2010届的8.5%一路上涨到2015届的10.5%，跃居主要行业类的第二位；建筑业对本科毕业生的吸纳能力呈倒“U”形，2010届为6.7%，2013届达到峰值10.6%，而到了2015届则回落至8.2%，这与全国房地产开发近年来的降温是同步的。建筑业从2014届到2015届的月收入涨幅属于增长最慢的五大行业之一，也是2015届本科毕业生就业满意度最低的十大行业之一；劳动密集型的制造业对毕业生的吸纳能力也在不断下降。

教育所获得的知识和技能，有很大可能与劳动力市场中的要求是脱节的。随着当前就业压力的增大，要顺利完成从在校学生到在岗职员的转换，劳动者需要得到一定的引导，并经过一段时间的适应。而且，能否迅速顺利转换“角色”，将对教育收益的获取产生很大影响。

3.2.4 其他因素对高等教育决策的影响

家庭高等教育决策不单单受到以上三种因素的影响，其他因素，如家庭规模、家庭成员构成，在家庭收入一定的情况下，子女越少则家庭的投资倾向越强，而在子女较多的家庭，尤其是农村家庭中，通常在高等教育投资决策方面会存在一定的性别歧视，更倾向于对男孩进行教育投资；父母受教育程度（尤其是母亲的受教育程度）通常会对高等教育投资倾向起到正向的作用，即父母受教育程度越高越愿意为子女教育进行投资，而相对于父亲而言，母亲愿意为子女教育进行更高的投资；家庭教育投资的决策者对待高等教育的态度无疑也会影响决策，持有诸如“宿命论”“读书无用论”“女子无才便是德”等观念的家长，显然乐意为子女进行高等教育投资的可能性较低，此外，由于“羊群效应”的作用，周围人的做法也会对家庭高等教育投资决策产生影响；出于降低风险的考虑，子女的智力水平、学习状况（包括其所在学校的教学质量）、健康水平，也是教育投资决策时不可忽略的因素。另外，国家的教育政策、家庭的融资能力都可能影响到家庭的高等教育投资决策。

3.3 教育回报率的影响

当家庭收入足以负担子女接受高等教育时，个体达到一定的教育水平，在决定是否继续接受更高层次教育时，接受高一级教育的投资收益率，即教育回报率——多接受一年教育所带来的收入增加，是微观层面影响家庭和个人高等教育决策的至关重要的因素。在完全竞争的前提下，不同地区、不同部门之间是不存在工资差异的，不同的家庭背景也不会对工作机会、工资收入产生影响，因而，只要人力资本存量相当，教育收益率也相差不大。然而，现实情况是，劳动者工作机会的好坏很大程度上取决于其家庭背景，工资水平的高低也随其所处的地区、所在的部门的不同而有所不同，因而同样程度的教育水平，有很大可能在不同劳动者身上表现为迥异的教育回报率。

3.3.1 就业体制

从宏观角度来看，劳动力市场经济体制改革推进的步伐，对教育回报率产生的影响巨大。在计划经济时代，收入的决定多依赖对劳动者政治资本的奖励，而市场经济则偏重于奖励人力资本。在计划经济时代，工作由国家分配，劳动者大多数在国有企业、集体企业这些工资差异不大的单位工作，其他类型企业（私营企业、合资企业、民营企业）的发育也不完善，因而其工资差异没能得到完全体现。随着经济体制改革的逐步推进，私营企业、合资企业、民营企业得到发展和壮大，政府的控制逐渐弱化，经济活动逐渐通过市场机制调节，劳动力市场当中的工资决定机制越来越市场化、越来越完善，不只其他类型企业，国有企业、集体企业中劳动者的工资水平差距也在不断拉大。市场转型不仅是制度的变迁，也是一个经济增长的过程。当中国经济由农业占主导向工业和服务业占主导过渡的过程中，结构的变化和经济的发展，催生了一批非农职业。这些职业对劳动者提出了较高的要求，因此就业机会是为那些接受过高水平教育的人准备的，教育回报率的提升水到渠成。不仅如此，随着经济的发展、科技水平的突飞猛进，以及产业结构的升级，教育对生产力的促进作用会越来越明显，因而由其引致的收入差异会越来越大。

3.3.2 教育差异

劳动者接受的教育层次不同，其教育回报水平是有差别的。在通常情况下，教育回报率随着教育水平的提高而呈 U 形变化，这主要是因为接受小学教育的劳动者，大部分从事农业劳动，而我国农业生产方式的落后，使得只要接受一点点教育就能给收入带来较大影响（边际报酬递减规律也可作为一个解释）；科技的迅猛发展，使很多职业提高了对任职者的基本要求，因此，对于接受过高等教育的劳动者的市场需求迅猛增加，这使得他们的收入相应会有较大提升。另外，对于高等教育而言，由于“羊群效应”，学历对教育回报率的影响也是比较大的；而接受中等教育的劳动者，大部分从事体力劳动，故而，增加中学教育对收入的影响是比较小的。

基础教育回报率低于专/职业教育回报率。一方面，由于我国的基础教育模式是应试教育，所教授的主要是迎合考试的基础知识，如果在完成基础教育之后进入劳动力市场，则其所学到的知识对提高劳动者的生产效率的作用有限，因而对增加其收入的作用也不大。另一方面，由于传统上我国并不重视职业教育，因而在劳动力市场上，高水平甚至合格的技术工人的供给都十分有限。而随着科技的进步，企业对有知识、会动手的新型技术工人的需求大幅增加，在“供不应求”的状况下，专/职业教育回报率高于基础教育回报率，不足为奇。

3.3.3 工作地域

教育收益率会随着劳动者就业地区的不同而有所差异。我国的劳动力市场中存在着较为显著的分割现象，城乡劳动力市场的分割、区域劳动力市场的分割都成为影响教育回报率的重要因素。总体来说，教育回报率的地域差异体现在，城镇教育回报率高于农村，经济发达地区教育回报率高于欠发达地区。这种现象可以从四个方面来解释：第一，生活成本存在地域差异，而生活成本的高低必然会影响劳动者对劳动报酬的要求，预期较高的房价、交通成本、消费水平，构成了经济发达地区比经济欠发达地区，城镇比农村，更高的生活成本，选择长期就业的劳动者自然会因此索要更高的劳动报酬，用人单位只有满足其收入需求才能招聘到合适的劳动者。第二，生产率存在差异，“大城市工资溢价”现象就是一个很好的佐证——经济发达地区和城镇，相比经济欠发达地区和农村，其产业结构更高级，具体来说，大城市多在高端第三产业占据优势，而经济发达地区的现代制造业发展迅速，生产率的高低决定了劳动者收入水平的高低。第三，人力资本积累的差异在产业集聚，以及由集聚带来的信息的交流、技术的传递和知识的共享，使经济发达地区和城镇能够提供给劳动者更多的人力资本积累的机会。第四，劳动力流动的差异，劳动力市场容量的大小，决定了劳动者工作搜寻成本和搜寻效率的高低。显然，经济发达地区以及城镇在这方面存在优势，因此，身在其中的劳动者更换工作的频率会更高，流动会更充分，进而由流动带来的工资增长效应会更加显著。

3.3.4 单位性质

完成高等教育之后进入职场的劳动者，他们就职的行业以及供职单位所属的所有制性质，都影响着其教育回报率。

我国的行业工资差距明显，这与我国是一个大体量的经济体不无关系。我国的产业结构相当复杂，生产效率极低、生产方式最原始的农业与代表着世界先进水平的高科技产业并存。总体来看，与计算机和先进科学技术相关的新兴行业，以及金融行业和国家垄断行业的收入水平和教育回报率都在高位，农业以及包括制造业、采矿业等在内的传统工业的教育回报率相对来说最低。从这一角度也可以看出“朝阳产业”与“夕阳产业”的差异。另外，知识密集型产业与劳动密集型产业中的教育回报率也存在日渐扩大的差距。

劳动者供职单位的所有制不同，也会带来高低不同的教育回报率。我国的国有企业和非国有企业之间工资差异很大，正是这种差异体现出所有制的差别，而与个人特征无关。其中，外资企业中的教育回报率最高，因为它所在的劳动力市场在体制之外，也是最完善的劳动力市场。国有企业的教育回报率最近也呈逐渐上升的趋势，这归功于国企所处劳动力市场市场机制的进一步完善。另外，占据垄断地位的水电气油等国有企业，其教育回报率相当可观，这是由其在产品市场中的垄断地位决定的。

3.3.5 其他因素

除了以上因素对劳动者的教育回报率产生直接影响，还有一些因素起到了间接作用。例如，劳动者的居住地和户口性质，劳动者的政治面貌和家庭背景，劳动者的性别、年龄，劳动者的流动和迁移等。一般而言，从户口性质来看，城镇人口更倾向于从事农业以外的其他职业，农村人口以务农或外出打工为主。从政治面貌上来看，党员更倾向于全职就业，或者说党员多存在于全职非农职业当中。从家庭背景来看，父母的教育程度、职业和家庭的收入水平及社会地位会对劳动者的就业方向产生重大影响。从整体来看，女性的教育回报率高于男性（这可能因为受到身体的限制，女性很难从事繁重的体力劳动，而多从事技术性工作），但相对于同等教育水平的男女而言，通常男性的教育回报率高于女性（这与劳动力市场中的性别歧视以及女性需要承担的繁衍后代的责任有关）。从年龄来看，不同年龄人口的教育水平存在差异，但总体来说处于事业发展顶峰期的中年人的教育回报率是最高的，同时科学技术水平的加速发展，经济转型以及应运而生的产业结构变动，对劳动者所掌握的知识提出更高更新的要求，这促成了年轻人教育回报率的提升。另外，从劳动者的流动和迁徙来看，古话说得好——“人往高处走”，迁徙和流动往往意味着教育回报率的提高。

3.4 劳动力市场分割对教育回报率的影响

主要和次要劳动力市场之间壁垒的存在，使劳动者很难在两个劳动力市场之间流动，因而，究竟能进入哪一个劳动力市场对劳动者的教育回报率将起到至关重要的影响。

3.4.1 货币收入的差距

货币收入的差距是主要和次要劳动力市场之间收入差距的主要体现，其中包括薪酬福利待遇的差距；工作环境的舒适与否（可以被看作货币收入的延伸）；晋升空间的大小（其决定了劳动者的终身收入）。具体来说，主要、次要劳动力市场之间的货币收入差距体现在劳动者的初始收入、收入增幅和福利待遇3个方面。

（1）初始收入差距

主要、次要劳动力市场间的初始收入存在差距。在《麦可思大学生就业调查报告2016蓝皮书》中，2015届本科生毕业半年后就业满意度最高的前10位的行业分别是中国人民银行、保监会和证监会

（满意度 80%），各级党政领导机构及人大、政协（满意度 79%），本科学院和大学（满意度 79%），司法、执法部门（公检法）（满意度 76%），发电、输电业（满意度 75%），城市规划建设管理部门（满意度 74%），其他各级党政机关（满意度 74%），法律、知识产权服务业（满意度 73%），软件开发（满意度 72%）。可以看出，绝大部分行业处于主要劳动力市场。而毕业生之所以就业满意度高是因为这些行业给出了可观的工资。2015 届本科生进入中国人民银行、保监会和证监会、软件开发业、航空运输服务业半年后的月收入分别为 5125 元、5331 元、5114 元，占 2015 届本科生毕业半年后月收入最高的前十位行业的第 2、第 1 和第 3 位。而其他 7 个行业（计算机系统设计服务业、通信设备制造业、互联网运营与网络搜索引擎业、证券和商品交易所、储蓄信用中介、其他金融投资业、计算机及外围设备制造业）也与以上 3 个行业存在紧密联系。

（2）收入增幅差距

主要、次要劳动力市场间的收入增幅存在差距。麦可思对 2012 届本科生毕业三年后的月收入进行了调查，结果显示，2012 届本科生毕业三年后平均月收入最高的 10 种职业分别是互联网开发及应用（8527 元）、计算机与数据处理（8218 元）、金融（银行/基金/证券/期货/理财）（7706 元）、销售（7312 元）、经营管理（7213 元）、房地产经营（7169 元）、电力/能源（6923 元）、建筑工程（6825 元）、机动车机械/电子（6742 元）、电气/电子（不包括计算机）（6719 元）。月收入增长速度最快的 10 种职业也基本与其保持一致（除了美术/设计/创意以月收入增长 3586 元替代电气/电子进入前 10 位）。可以看出，这些职业多存在于主要劳动力市场中。另外，据麦可思对 2012 届本科生毕业 3 年后在各行业当中月收入的调查，月收入增长前5位的行业分别是金融（银行/保险/证券）业（7617元），媒体、信息及通信产业（7485元），各类专业设计与咨询服务业（7353元），电子电气仪器设备及电脑制造业（7166元），家具、医疗设备及其他制成品业（7072元）；后10位的分别是政府及公共管理（4927元），行政、商业和环境保护辅助业（4976元），教育（5020元），初级金属制造业（5473元），农业、林业、渔业和畜牧业（5660元），机械五金制造业（5840元），住宿和饮食业（5929元），纺织皮革及成品加工业（5998元），化学品、化工、塑胶业（6097元），邮递、物流及仓储业（6245元）。可以看出，收入较高的行业大多采用资本或智力密集型生产方式，这些行业存在于主要劳动力市场。而收入较低的行业则大多数为传统行业，采用的是劳动力密集型生产方式（政府及公共管理以及教育业除外，这两个行业的平均月收入较低与其内部“论资排辈”的晋升方式是密不可分的），多存在于次要劳动力市场。

（3）福利待遇差距

主要、次要劳动力市场之间福利待遇的差距。除员工到手的收入之外，员工租/住房补贴、住房公积金等企业为满足劳动者的生活需要，在工资和奖金之外，向员工本人及其家庭提供的货币、实物及其他服务的福利待遇也是员工收益的重要组成部分。企业提供的福利待遇形式多样，既包括依照国家劳动法律法规规定企业必须为员工购买的退休养老保险、医疗保险、失业保险和劳动保健等；也包括企业为员工提供的免费工作餐、交通费、差旅补助、住房补贴等。而这些福利待遇的高低是以员工工资收入为基数进行计算的，换言之，劳动者获得的货币收入越高，通常情况下，他能够享受的福利待遇越好。因而，就业于主要还是次要劳动力市场造成的大学毕业生的收入差距远远不止货币收入的差距。就业于主要劳动力市场，不仅意味着获取的货币收入更高，还意味着更好的福利待遇。

3.4.2 工作稳定性差距

主要劳动力市场和次要劳动力市场还有一项对劳动者而言影响重大的区别，就是工作稳定性方面也存在差距。主要劳动力市场中的企业倾向于保持员工队伍的稳定，因为这些企业的规模通常都比较大，其内部组织架构十分清晰，部门之间分工明确，稳定的员工队伍利于企业对于特殊人力资本进行投资及其良好运作。对员工而言，这种稳定就业的保障和较低的劳动力流动率，使员工对自身职业发展前景十分清晰，从而更有意愿对自己进行人力资本投资，以此企业或主要劳动力市场中谋取更好的发展。因此，事实上，不仅仅是刚走出校门的高校毕业生，几乎所有的劳动者都期望进入主要劳动力市场，获得一份稳定的工作和收入，因为一旦进入次要劳动力市场，劳动者们将面对随时可能发生的失业及其带来的收入损失。

3.4.3 职业生涯差距

对于个人来说，职业生涯包括“提升的职业生涯观”“专业的职业生涯观”和“稳定的职业生涯观”3 种①。从这三个方面去比较劳动者在主要劳动力市场和次要劳动力市场中的职业生涯可以看出：从“提升的职业生涯观”来看，相对于收入和社会地位的上升速度和提升空间都非常小的次要劳动力市场而言，主要劳动力市场中的工作是“体面”的。除了收入，这些工作在社会地位、职业声誉等

---

① 周文霞. 职业生涯管理. [M]. 上海：复旦大学出版社，2005.

方面也存在不小的优势，企业内部明确了职业的晋升通道，身处其中的劳动者因而能够较容易地确定自己的发展方向，容易获得金钱、地位等方面的稳定和快速的提高；从“专业的职业生涯观”来看，主要劳动力市场中的岗位，往往需要的是更高端、更专业的劳动者，尤其是那些专业化特点突出的职业，如律师、医生等，都对劳动者提出多年专业知识积累和丰富工作经验的要求，而次要劳动力市场中的工作要求的专业技能很少，工作内容也相对简单，无须专业方面的提升，即可在次要劳动力市场内部的不同职业间转换。从“稳定的职业生涯观”来看，主要劳动力市场占据了收入、社会地位、职业声望的优势，又对专业知识和技能提出了较高的要求，劳动力供求双方都有降低流动性的意愿，因而劳动者职业生涯的规划往往更为稳定，在次要劳动力市场内部，由于不需要特定的专业技能，不同职业间转换相对较容易，因而劳动者的流动性较大、工作的稳定性不高，并且，由于劳动力市场之间的壁垒，劳动者若想逃离次要劳动力市场转而在主要劳动力市场谋求职位，几乎是不可能的。事实上，由于工作的不稳定和时常经历的失业，次要劳动力市场的劳动者的职业生涯规划可以说根本无从谈起。

综上所述，主要、次要劳动力市场之间的巨大差异，造成了完成高等教育的劳动者们择业的困境，因为，他们选择了不同的劳动力市场就意味着几乎云泥之别的教育回报率。由此导致了如下局面：一是几乎所有的劳动者都对主要劳动力市场中的职位“青眼有加”，拥挤在其中寻求机会，以至于供过于求带来了用人单位“水涨船高”的招聘条件；二是对次要劳动力市场提供的岗位“不屑一顾”。

3.5 本章小结

劳动力市场分割的存在，放大了不同家庭背景劳动者之间的收入差距。一方面，不同收入水平的家庭对高等教育的支付能力有差距，低收入家庭对教育成本的负担更为困难；另一方面，对于不同家庭背景的劳动者而言，即使他们接受了近似水平的高等教育，仍可能因为就业于不同的（主要和次要）劳动力市场而工资收入差距巨大。这两方面的影响可以视作“结果的不公平”。本书认为，预见到“结果不公平”的理性的决策者，将造成“起点的不公平”——无法获取主要劳动力市场工作的家庭往往选择不接受高等教育。

4 理论模型

4.1 导言

由上一章对家庭高等教育决策影响因素的分析可以得到这一结论——劳动力市场分割的存在，使劳动者因其家庭背景只能进入主要或次要劳动力市场，由此带来巨大的工资收入差距。在本书的假设前提——“决策者是理性经济人”之下，能够预见到这一结果的低收入家庭的决策者将会做出不接受高等教育的决策。那么，在劳动力市场分割背景下，家庭高等教育决策机制如何？分割对不同背景的家庭又会产生怎样的影响？本章将构造一个模型来回答这些问题。

4.2 经典模型——明瑟模型

家庭的高等教育投资决策是一个复杂的过程，不同学者对其分析时所采用的模型有其不同特点。传统的以教育模型为基础的个人教育投资决策方法最具有代表性的是 Mincer 模型。明瑟根据人力资本理论分别运用差异补偿模型（Mincer，1958）与会计恒等式模型（Mincer，1974）推导出明瑟工资模型。模型的基本特征是：①工资收入与受教育年限呈线性关系，受教育年限越长，收入就越高；②收入与年龄呈二次性关系，随着年龄增加，收入会呈现出加速递增、减速递增与递减的趋势；③对数工资与工作经验的拟合度更优。

Mincer 模型有 6 个假设前提：①所有的人在能力和学习与工作机会等方面是相同的；②接受教育的时间长短决定个人收入；③假定个人在整个工作生命周期中年收入保持不变；④每个人都只有两种选择：或者教育投资，或者就业；⑤除了教育，没有别的人力资本投资方式；⑥市场利息率保持固定不变。

在 Mincer 模型中，接受 n 年教育的人，其终身收入的现值为

$$E_n = W_n\int_n^T (e^{-rt})\,\mathrm{d}t = \frac{W_n}{r}(e^{-rn} - e^{-rT})$$

式中，T——工作年限与受教育年限的加总（其单位为年）；

W_i ——具有 i 年教育水平的人的年收入；

r——市场利率；

d——受教育年限的差别；

t——时间变量。

接受 $n-d$ 年教育的人的终身收入现值为

$$E_{n-d} = W_{n-d}\int_{n-d}^T (e^{-rt})\,\mathrm{d}t = \frac{W_{n-d}}{r}(e^{-r(n-d)} - e^{-rT})$$

教育时间相差 d 年的两个人间终身收入的差别可以表示为

$$D_n = E_n - E_{n-d}$$

想要多接受 d 年教育，必须多增加的教育成本（此处只考虑机会成本）为

$$C_n = W_{n-d}\int_{n-d}^T (e^{-rt})\,\mathrm{d}t = \frac{W_{n-d}}{r}(e^{-r(n-d)} - e^{-rn})$$

得出，多接受 d 年教育时间的教育投资净收益为

$$M_n = E_n - E_{n-d} - D_n$$

$$或记 M_n = S - X$$

式中，$S = E_n - E_{n-d}$——个人多接受 d 年教育所带来的终身收入现值的增加额；

$S = D_n$——由于多接受 d 年的教育个人必须多支付的成本。关于个人教育投资的决策标准是：多接受 d 年教育的净收益不小于 0。只有满足了这个条件，这项对教育的投资才是可接受的，个人才有可能多接受 d 年的教育。

在 Mincer 的分析框架下，接受教育的时间差决定了个体之间收入的差别，换言之，在学习能力、学习机会、就业机会相同的情况下，如果个人的教育年限相等，则个人收入水平也相当。事实上，在人力资本投资到个人收入之间还存在诸多环节，受到各种因素的影响，例如，接受了相同教育时间的劳动者，可能在获取工作的机会方面存在着很大差异；在工作过程中表现出来的绩效水平，由于非劳动者个人的原因，也可能存在巨大差异；另外，接受更多教育或许意味着更强的接收、分析和处理信息的能力，而这种能力恰恰有助于个人其他投资的合理化。尽管 Mincer 模型在很多方面受到质疑，但其仍旧是大部分学者在分析收入差距时经常选用的重要基础性模型。

4.3 理论模型

本书认为，在劳动力市场中，作为供给方的劳动者和作为需求方的雇主，做出供给或需求劳动力的决策的方式是不一样的。对劳动者及其家庭而言，接受高等教育是进行人力资本投资的一种方式，能够提高受教育者的人力资本存量，进而带来收益。对于雇主而言，由于信息不对称，在没有雇佣劳动者之前，对劳动者的生产效率、工作能力等并不能做到完全了解，因此通常把学历作为重要的参照。也就是说，对劳动者和雇主而言，高等教育的意义是不同的。对于劳动者它是人力资本的重要投资方式，而对雇主而言，其更大意义在于生产效率的信号。因此，在模型的建设中，本书将结合人力资本投资理论与筛选理论——从供给方来看，家庭的高等教育决策是在成本—收益分析的基础上做出的；从需求方来看，在选择劳动力的时候，雇主把是否接受高等教育作为劳动效率高低的一个信号。鉴于此，本书的家庭决策过程如图 4－1 所示。

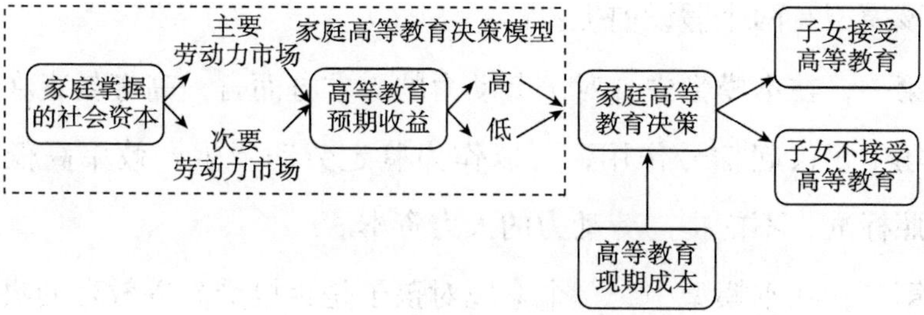

图 4－1　家庭高等教育决策思路

模型建立的灵感来源于万广华的文章《资产视角下的贫困脆弱性分解：基于中国农户面板数据的经验分析》。这篇文章对贫困及其变化做了更为细致的分类——在综合考虑家庭资产和外部冲击的情况下，将贫困的变化分解为随机性和结构性两部分，构造了综合考虑家庭资产以及风险和冲击的模型，并利用该模型解释了家庭面对的风险和冲击，以及为什么某些家庭会持续贫困甚或落入贫困陷阱。本书将借鉴该模型对家庭教育决策进行分析。之所以借用这一模型，原因如下：第一，人力资本投资和家庭资产累积十分类似，都遵循边际报酬递减规律，即在不断增加人力资本投资的过程中，所获得的边际报酬有先增后减的变化；第二，在做出是否接受高等教育的决策过程中，家庭需要考虑以下几方面的问题，其一，眼下的收入能否支付高等教育费用，其二，接受高等教育之后预期的收入如何；第三，在存在劳动力市场分割的前提下，劳动者的收入取决于其最终进入主要劳动力市场还是次要劳动力市场，如果进入主要劳动力市场，则其拿到高收入，以此作为劳动者预期收入的上限；如果进入次要劳动力市场，则其拿到低收入，以此作为劳动者预期收入的下限。以下是对该模型的简要介绍。

4.3.1 模型的基本假设

该模型有两个假设前提：

第一，在本模型中，对于劳动力的需求方而言，高等教育在劳动力市场中仅仅起信号作用，可以作为鉴定劳动者生产效率高低的重要参照标准，不能提高劳动力的人力资本。

第二，在本模型中，一个家庭对孩子是否接受高等教育的决策取决于两个条件：一是家庭现有收入能否支付高等教育的成本（有无接受高等教育的财力）；二是预期收入（现值）是否高于高等教育的成本（是否合算）。

对于不同的个人和家庭来说，是否投资于高等教育这一问题的答案是不一致的。对于有些家庭而言，答案是确定的，但对于有些个人或家庭，是否通过接受高等教育来进行人力资本投资，是一个两难的选择，因此这项投资具有不稳定性。我们用下式来度量人力资本投资决策的不稳定性：

$$V = Pr\{C < Z \mid X\} \tag{4-1}$$

式中，V——人力资本投资不稳定性；

C——收入；

Z——人力资本投资需要花费的成本；

X——一切与个人或家庭相关的特征变量。

用 C_{it} 表示个人或家庭 i 在第 t 期的教育收益，C 为教育决策临界线，当下式成立，个人或家庭选择不进行人力资本投资：

$$C_{it} \leqslant C \tag{4-2}$$

教育决策临界线是能够产生 C 值的教育年限（人力资本存量）

$$\underline{A} = \{A \mid Chat(A) = C\} \tag{4-3}$$

式中，$\underline{A}$——教育决策临界线；

A——教育年限；

$Chat(A)$——由人力资本带来的期望收入水平。

将教育投资成本与教育决策线结合起来，可以使教育决策的分析更为详尽，如图 4-2 所示。在该图中，横轴是人力资本，纵轴是收入。Z 平行于横轴，它代表的是教育成本，垂直于横轴的 EIL 为教育投资临界线。对于个人或单个家庭而言，由于劳动力市场分割的存在，以及家庭掌握的社会资源丰富程度的差异，不同的家庭通过教育进行人力资本投资的结果会有所区别：一部分家庭能够通过掌握的社会资源，帮助劳动者获得主要劳动力市场的工作，进而获得较高的工资收入、良好的工作环境；另一部分家庭则由于掌握的社会资源欠缺，无法获取主要劳动力市场的工作，只能接受次要劳动力市场的职位。不同的投资可能性，促使不同的家庭在是否通过接受教育来累积人力资本这一问题上做出不同的选择。

由于人力资本投资遵循边际报酬递减规律，劳动者的收入曲线的形状会呈现先递增、后递减的趋势。在图 4-2 中，三条平行的曲线分别代表着期望收入的上限（进入主要劳动力市场的收入状况）、期望收入和期望收入下限（进入次要劳动力市场的收入状况）。结合图 4-2，如果一个未来劳动者的人力资本存量为 A，期望收入为 D，

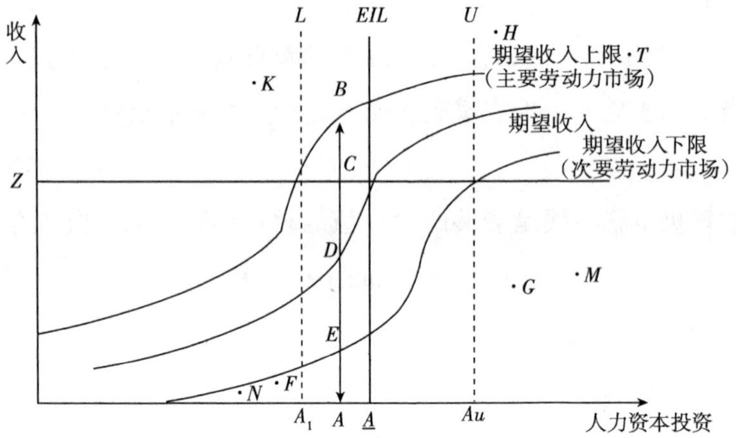

图 4－2　期望收入和教育决策线

进入主要劳动力市场则期望收入为 B，进入次要劳动力市场则期望收入为 E，因此，期望收入会介于 B、E 之间。若劳动者进入主要劳动力市场，期望收入落在 BC 之间，则该家庭的人力资本投资是有利可图的；若劳动者进入次要劳动力市场，期望收入落在 CE 之间，则该家庭的人力资本投资不划算。家庭做出接受高等教育的决策的可能性，可以用 $\frac{BC}{BE}$ 来表示，这一可能性与家庭所掌握社会资本的多寡有紧密联系。当一个家庭掌握了较多社会资本，则其劳动者进入主要劳动力市场的可能性较大，反之亦然。

$$V_h = 1 - P\{E \mid I_h \leqslant Z\} = \begin{cases} 1, & \text{计 } E(I_h)_l \geqslant Z \\ \dfrac{Z - E(I_h)_l}{2\delta[E(I_h)]}, & \text{计 } E(I_h)_l < Z < E(I_h)_u \\ 0, & \text{计 } E(I_h)_u \leqslant Z \end{cases} \tag{4-4}$$

式中，V_h ——家庭接受高等教育决策的可能性；

$P(\cdot)$ ——不接受高等教育的概率；

I_h ——家庭收入水平；

$E(I_h)$ ——期望收入；

$E(I_h)_l$ ——期望收入下限，即进入次要劳动力市场的收入；

$E(I_h)_u$ ——期望收入上限，即进入主要劳动力市场的收入；

$\delta[E(I_h)]$ 表示期望收入的标准差。

对不同的家庭，可以依据式（4－4）计算出其接受高等教育的可能性，还可以把50%作为家庭是否倾向于接受高等教育的标准线，对家庭的高等教育投资决策做进一步分类：

（1）如果 $V_h = 1$，该家庭一定会做出接受高等教育的决策；

（2）如果 $0.5 \leqslant V_h < 1$，该家庭倾向于做出接受高等教育的决策；

（3）如果 $0 < V_h < 0.5$，该家庭倾向于做出不接受高等教育的决策；

（4）如果 $V_h = 0$，该家庭一定会做出不接受高等教育的决策。

对家庭是否接受高等教育的决策，我们还可以做进一步的细分。

$$I_{ht} < Z_t \text{ 且 } E(I_{ht})_l > Z_t \tag{4-5}$$

$$I_{ht} > Z_t \text{ 且 } E(I_{ht})_u < Z_t \tag{4-6}$$

式中，I_{ht}、$E(I_{ht})_l$、$E(I_{ht})_u$、Z_t 分别表示家庭 h 的子女在第 t 年的收入、期望收入的下限、期望收入的上限及其接受高等教育的成本。当这个家庭的收入和未来的期望收入满足式（4－5），则该家庭将倾向于随机做出接受高等教育的决策；如果一个家庭的收入和期望满足式（4－6），则该家庭将倾向于随机做出不接受高等教育的决策。

4.3.2 模型的图形分析

在图4－2中，三条平行的曲线分别是期望收入上限（进入主要劳动力市场）、期望收入和期望收入下限（进入次要劳动力市场）。

以上定义可以通过图4－2中各点的位置来进行更为直观的判定：G点和K点分别对应倾向于随机性做出接受高等教育和倾向于随机性做出不接受高等教育两种不同的情况，G点位于高等教育成本线以下，因此可以判定G点所代表的家庭难以支付高等教育的成本，但是G点所代表的人力资本得到的期望收入的下限高于高等教育成本，这意味着劳动者即使只能获得次要劳动力市场的工作，收入也会高于高等教育的成本。因此，位于G点的家庭满足式（4－5），他们将承担一定风险（如借债）去接受高等教育。对于K点，它所代表的收入高于高等教育成本Z，但是K点所代表的人力资本带来的预期收入上限低于高等教育成本，这意味着劳动者即便获得了主要劳动力市场的工作，收入也不足以支付高等教育。位于K点的家庭，满足式（4－6），他们在能够支付高等教育成本的情况下，选择不倾向于接受高等教育。

在图4－2中，H点和F点既不满足式（4－5），也不满足式（4－6），代表两类稳定的决策。对于H点家庭，收入高于高等教育成本线Z，意味着其有能力接受高等教育；H点代表的人力资本带来的预期收入下限也高于高等教育成本线，意味着即使只能进入次要劳动力市场，预期收入也会超过高等教育成本。因此，H点家庭毫无例外地选择接受高等教育。对F点也可以做类似分析，F点家庭既难以承担高等教育成本，又对未来收入的预期不高，他们的理性决策当然是不接受高等教育。

在图 4 -2 中，高等教育成本线 Z 和教育投资决策线 EIL 将整个坐标系分割为四个象限：H、K、F、G 分别处于第Ⅰ、第Ⅱ、第Ⅲ和第Ⅳ象限。这四个象限分别代表四种家庭关于接受高等教育的不同决策情况。

第Ⅰ象限，能够支付高等教育成本，期望收入也高于高等教育成本，所在家庭会选择接受高等教育。

第Ⅱ象限，能够支付高等教育成本，期望收入低于高等教育成本，所在家庭选择倾向于不接受高等教育。

第Ⅲ象限，不能支付高等教育成本，期望收入低于高等教育成本，所在家庭会选择不接受高等教育。

第Ⅳ象限，不能支付高等教育成本，期望收入高于高等教育成本，所在家庭会选择举债接受高等教育。

进一步，图 4 -2 中的 U、L 两条线，可以把决策情况进行更为细致的划分。其中，U 线的含义是，当家庭拥有人力资本 A_u 时，如果找到次要劳动力市场的工作，获得的收入（期望收入的下限）刚好与高等教育成本相等。与之对应，L 线的含义是当家庭拥有人力资本 A_l 时，如果找到主要劳动力市场的工作，获得的收入（期望收入的下限）刚好与高等教育成本相等。U、L 两条线将坐标系分割为三个部分：U 线的右侧代表，即使只能获取次要劳动力市场的工作，收入仍旧高于高等教育成本，这意味着接受高等教育是合算的；L 线的左侧代表，即便能获得主要劳动力市场的工作，收入也低于高等教育成本，这意味着接受高等教育是不合算的；U 线与 L 线之间的部分有随机性，结果不确定：如果能够进入主要劳动力市场，则接受高等教育是合算的；如果进入次要劳动力市场，则接受高等教育是不合算的。

*U*线和*L*线的存在，使我们可以将第Ⅰ、第Ⅱ、第Ⅲ、第Ⅳ象限的决策情况进行进一步细分。

第Ⅰ象限：*U*线右侧，所在家庭的收入足以支付高等教育成本，期望收入的下限也高于高等教育成本（接受高等教育是合算的），因此他们的决策一定是接受高等教育。

第Ⅰ象限：*U*线左侧，所在家庭的收入同样足以支付高等教育成本，但期望收入取决于他们能否找到主要劳动力市场中的工作。如果在家庭的预期中，无法帮助子女找到主要劳动力市场的工作，那么接受高等教育在家庭看来是不合算的，对于这一部分家庭而言，是否接受高等教育取决于对获得主要劳动力市场可能性的预期。

第Ⅱ象限：*L*线左侧，所在家庭的收入足以支付高等教育成本，但期望收入的上限低于高等教育成本（接受高等教育是不合算的），他们的决策将是不接受高等教育。

第Ⅱ象限：*L*线右侧，所在家庭的收入足以支付高等教育成本期，期望收入的上限高于高等教育成本，但期望收入的下限低于高等教育成本，对这一部分家庭而言，是否接受高等教育取决于对进入主要劳动力市场可能性的预期。

第Ⅲ象限：*L*线左侧，所在家庭的收入不能支付高等教育成本，期望收入的上限低于高等教育成本（接受高等教育是不合算的），他们一定会选择不接受高等教育。

第Ⅲ象限：*L*线右侧，所在家庭的收入不能支付高等教育成本，期望收入低于同时期望收入上限高于高等教育成本，他们的选择通常是不接受高等教育。只有一种情况例外，那就是确定能够进入主要劳动力市场。在这种情况下，该家庭即使举债，也会选择接受高等教育。

第Ⅳ象限：U线左侧，所在家庭的收入不能支付高等教育成本，期望收入高于高等教育成本，该家庭会选择举债接受高等教育，一种情况例外，即该家庭确信只能进入次要劳动力市场。

第Ⅳ象限：U线右侧，所在家庭的收入不能支付高等教育成本，期望收入下限高于高等教育成本，该家庭会选择举债接受高等教育。

表4－1 四个象限对应的高等教育决策

<table>
<tr><td rowspan="2">第Ⅰ象限
$I_h > Z$
$E(I_h) > Z$</td><td>$E(I_h)_l > Z$</td><td>接受高等教育</td><td rowspan="2">第Ⅱ象限
$I_h > Z$
$E(I_h) < Z$</td><td>$E(I_h)_u > Z$</td><td>取决于能否进入主要劳动力市场</td></tr>
<tr><td>$E(I_h)_l < Z$</td><td>接受高等教育</td><td>$E(I_h)_u < Z$</td><td>不接受高等教育</td></tr>
<tr><td rowspan="2">第Ⅲ象限
$I_h < Z$
$E(I_h) < Z$</td><td>$E(I_h)_u > Z$</td><td>取决于能否进入主要劳动力市场、能否举债</td><td rowspan="2">第Ⅳ象限
$I_h < Z$
$E(I_h) > Z$</td><td>$E(I_h)_l > Z$</td><td>取决于能否举债</td></tr>
<tr><td>$E(I_h)_u < Z$</td><td>不接受高等教育</td><td>$E(I_h)_l < Z$</td><td>取决于能否举债能否进入主要劳动力市场</td></tr>
</table>

4.3.3 模型的推论

从以上模型分析出发，可以得出以下推论：

（1）在子女资质相同的条件下，由于对高等教育成本的承受能力更强，高收入家庭比低收入家庭更有可能为子女做出接受高等教育的决策。由此，还可以进一步推断，在那些学费远高于一般大学平均学费水平的专业中，高收入家庭子女的占比更高。

（2）平均来看，低收入家庭掌握的社会资本较高收入家庭更少，因而劳动力市场的分割，更多地损害的是低收入家庭子女的未来收益。

（3）提高低收入家庭的收入水平，或是给予相应资助，能够提高家庭对高等教育的支付能力，有助于低收入家庭子女接受高等教育。

（4）在不减轻劳动力市场壁垒的前提下，高等教育招生规模的扩大，会使更多的高收入家庭的低人力资本存量的子女获得接受高等教育的机会，却并没有增加低收入家庭的高人力资本存量子女接受高等教育的机会。

（5）相较而言，主要劳动力市场中的工作对劳动者的基本学历要求更高，因而，在这个“基本学历要求”（可能是本科）水平上的劳动者的收入会因进入主要、次要劳动力市场而差距很大；而对于接受极低水平教育的劳动者（他们不具备获得主要劳动力市场工作的基本资格）和接受极高水平教育的劳动者（他们的教育水平所对应的工作均对人力资本存量要求极高，而这些工作都只存在于主要劳动力市场之中），由于只能分别进入次要和主要劳动力市场，这种差距是不存在的。也是因为这个原因，针对“基本学历要求”水平的家庭决策受社会资本的影响更为显著。

（6）经济越发达的地区，通常市场化程度越高，因而劳动力市场的分割程度越低，因此在子女就业过程中，家庭掌握的社会资本所能起到的作用越不显著。

4.4 模型的应用

劳动力市场存在分割背景下的家庭高等教育决策模型，可以很好地解释我国高等教育发展过程中很多“事与愿违”的现象：

4.4.1 收入的提升和高校助学贷款，部分地改变了收入不高的家庭的决策

图 4－3 是我国城乡居民收入曲线，其中以 1978 年的城镇居民人均可支配收入、农村居民人均纯收入为 100（由于与之前数据统计口

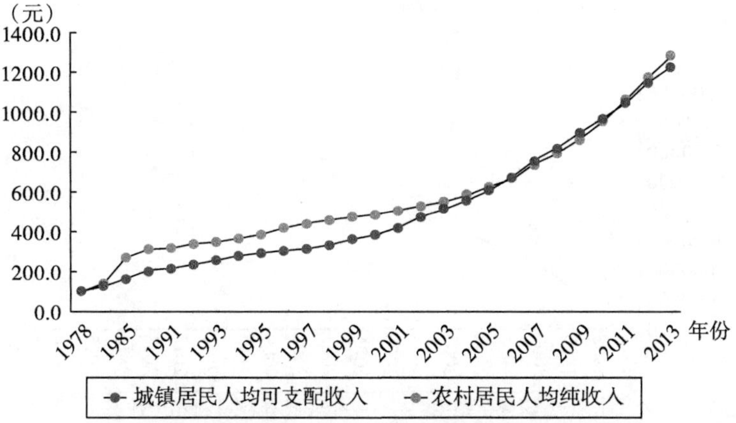

图 4－3 我国城乡居民收入指数曲线（1978—2013）

资料来源：2014 中国统计年鉴，其中城镇居民人均可支配收入指数、农村居民人均纯收入指数均以 1978 年数据为 100。

径有所不同，2014—2016 年的数据没有体现在上图中）。由图 4－3 可见，1978 年改革开放以来，城镇和农村家庭的人均实际收入在不断提升。家庭人均收入水平反映了家庭对高等教育的学费的负担能力，显然，无论农村还是城镇家庭对高等教育学费的支付能力都在不断提升。尽管随着“教育产业化”的推行，高等教育成本在不断攀升，例如，2015 年普通高校（本科）一般专业的学费标准为：“北京地区 5000 元左右，南京 4600 元左右，武汉 4000 元左右，西安理工科 4500 元左右，文科 3800 元左右”①；但同年，“全国人民人均可支配收入为 21966.2 元，其中城镇居民人均可支配收入为 31195 元，农村居民人均可支配收入为 11422 元，均为 2000 年收入水平的 5 倍。”② 可以看出，我国城镇和农村家庭的人均可支配收入有了大幅提高，我

① 曹淑江．我国高等教育成本与学费问题研究[J]．中国高教研究，2014(5)：44－49.

② 数据来自《中国统计年鉴 2015》。

国居民的教育支出负担能力大幅提升。

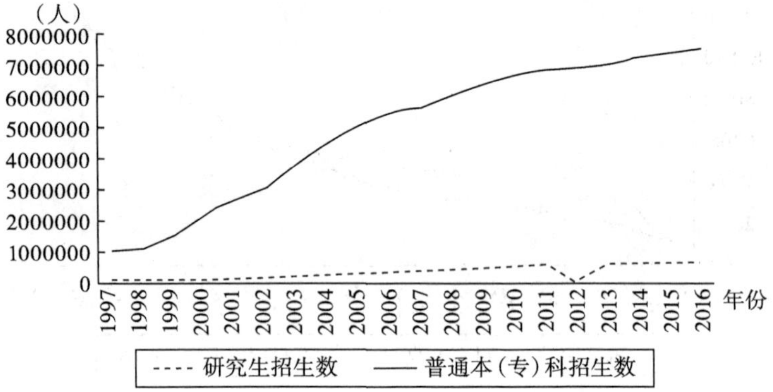

图 4－4　研究生、普通本（专）科招生人数（1997—2016）

资料来源：中国教育部网站：www. moe. gov. cn。

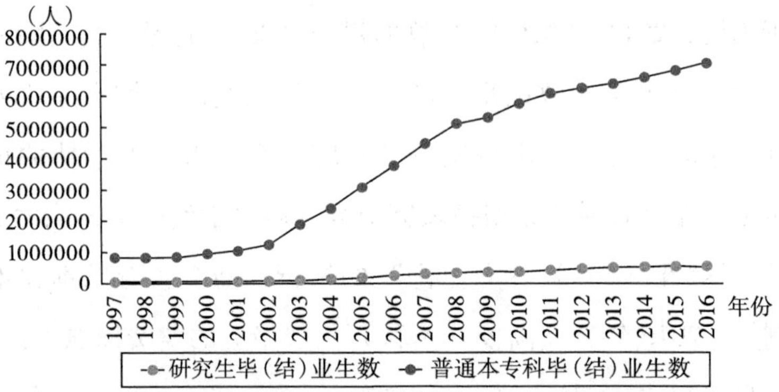

图 4－5　研究生、普通本（专）科毕（结）业生数（1997—2016）

资源来源：中国教育部网站：www. moe. gov. cn。

由图 4－4、图 4－5 可见，普通本（专）科毕业生、研究生每年的入学人数以及毕（结）业人数都在不断增长，尤其以普通本（专）科学生的增长速度为最最快。高等教育规模的扩张，一方面是因为我国的高等教育产业化发展政策，另一方面也离不开家庭收入的增长带来的支付能力的提升。

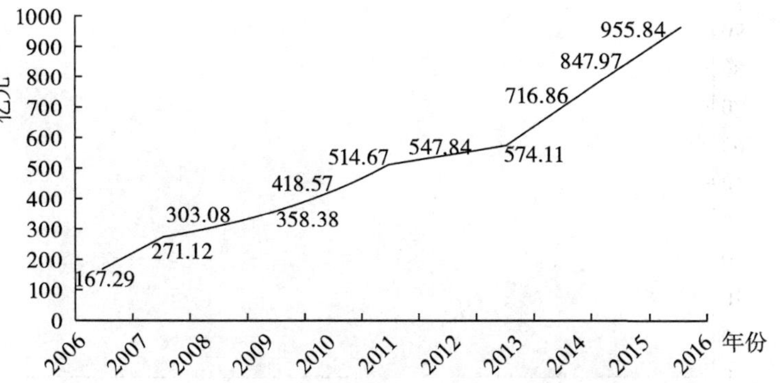

图 4－6 全国普通高校学生资助金额（2006—2016）

资料来源：中国教育部网站：www. moe. gov. cn。

除此之外，助学贷款也减轻了家庭接受高等教育的经济负担，“2014 年，我国共有 278 万贫困生获得 167 亿元助学贷款，财政为其贴息 28. 76 亿元，两者合计占当年大学生资助经费的 30%”。[①] 我国为了使大学生不因学费不足而放弃接受高等教育机会所建立的资助体系自 2006 年开始施行。如图 4－6 所示，助学贷款开始发放以来，对全国高校学生的资助数额不断增加，到 2016 年已增加至 955. 84 亿元。普通高校学生高校助学贷款的存在，使更多高中毕业生获得了接受高等教育的机会，在一定程度上也降低了高等教育成本。高等教育成本的降低，显然会提高人力资本投资的收益率，家庭投资于高等教育的热情也因而能够得到一定提升。这一点从图 4－7 中逐年增高的高考录取率可见一斑。

高等教育成本的降低，改变了低收入家庭无力支付高等教育的状况，促使一些家庭改变了相关决策，转而决定接受高等教育。具体原

① 中华人民共和国教育部网站，http://www. moe. edu. cn/jyb_xwfb/gzdt_gzdt/s5987/201508/t20150818_200680. html。

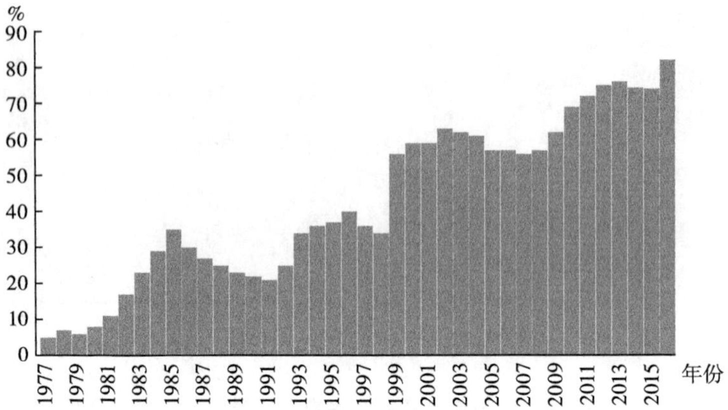

图 4 - 7　历年高考录取率

资料来源：百度文库：http：//baijiahao. baidu. com/s？ id = 1569440001611992&wfr = spider&for = pc。

理如图4 - 8 所示，家庭收入的增加和国家助学贷款的存在使高等教育成本相对降低，反映在模型中即为成本线向下平移至 Z' 。也因此，高等教育投资临界点变为 $E(I_h) = Z'$，教育投资决策线也向左移动至 EIL'，如图 4 - 8 所示，阴影部分原本处于第Ⅱ、第Ⅲ、第Ⅳ象限的家庭，由于高等教育成本的相对减少，改变了决策，转而决定接受高等教育。由于教育，尤其是高等教育有很强的外部效应，这种情况显然增进了社会福利。

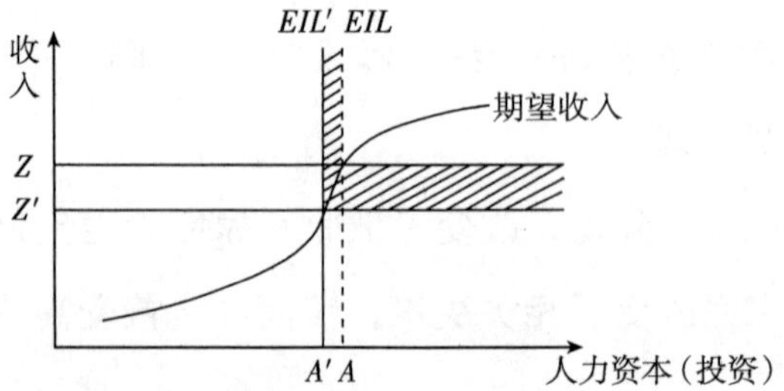

图 4 - 8　期望收入和教育决策线

4.4.2 高校扩招，大学生整体素质有所下降

我国高等教育自1999年开始急剧扩张，具体表现在高校招生数、高中毕业生数与高校入学率自这一年开始的飞速增长。由图4－9可以看出，1998年之前高校招生规模基本稳定，1999年普通高等教育招生规模达到154.86万人，是1998年的1.43倍，而2016年我国普通高等学校招生人数已增至748.61万人，是1998年的7.46倍。1999—2012年，我国的高等教育入学率达到79%，是1978—1998年入学率的近3倍。[①] 有学者把这一时期描述为，“我国教育发展‘大跃进’式跨入高等教育大众化时期”。

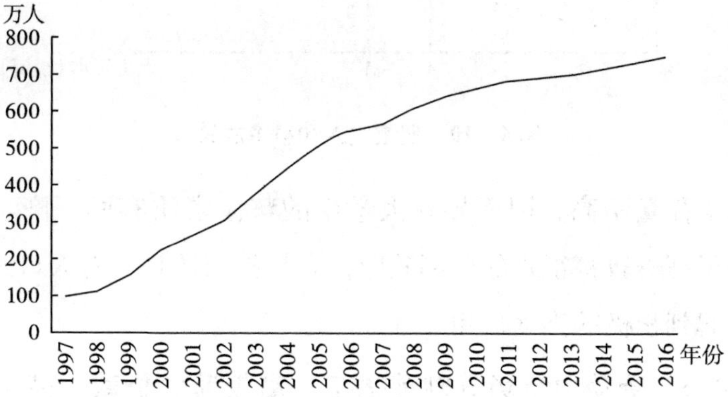

图4－9 普通本（专）科招生数

资料来源：中国教育部网站：www. moe. gov. cn

诚然，高校扩招给了更多人接受高等教育的机会，对我国高等教育的普及以及人口素质的提高功不可没。但不可否认的是，与此同时，大学生的整体素质有所下降。

① 中华人民共和国教育部网站，http://www.moe.gov.cn/s78/A03/moe_560/s7567/201309/t20130904_156872.html。

如图 4－10 所示，高校扩招后，由于能够通过高考，获取接受高等教育资格的可能性有所提高，因而，家庭对在同样人力资本的条件下收入的预期有所提升，新的教育投资决策线由 *EIL* 移动到 *EIL′*，最低能够接受高等教育的人力资本存量的要求，由 *A* 转变为 *A′* 。阴影部分为由于扩招，转而接受高等教育的家庭。可见，增收的大学生

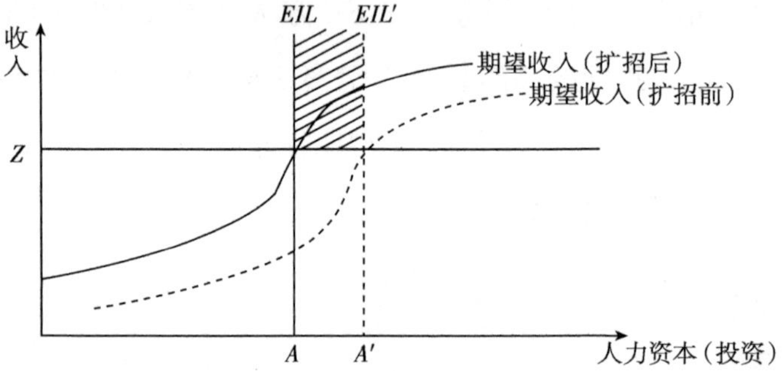

图 4－10　期望收入和教育决策线

人力资本存量不高，因而导致大学生的整体素质有所下降。尽管如此，由于高等教育很强的外部效应，高校扩招还是会对人口素质的整体提升起到积极的推动作用。

4.4.3　劳动力市场分割前提下，高校助学贷款、高校扩招没有取得预期的效果

按照以上分析，在高校扩招和助学贷款的共同作用下，接受高等教育的，收入不高但人力资本存量较高的家庭，收入较高人力资本存量不高的家庭，都会有所增加（如图 4－11 阴影部分）。然而，现实情况并非如此。从高校入学率来看，根据有关专家的统计，2000 年以来，农村学生占新生比例已经达到 60%（见表 4－2）。然而，在总体入学率不断提高的同时，弱势群体子女不能进入层次较高、质量较好的名牌大学就读，不能选择社会声望较高、就业前景较好的专业学习，“进

入985和211重点大学的比例不升反降。以北大为例，2000—2010年农村新生仅10%，到2013年依靠国家贫困地区每年3万个重点大学照顾名额，北大农村新生比例才上升至14.2%。”①事实上，在不断提高的农村大学生升学率的背后是高校扩招为不同群体提供的质量不同的教育机会。由此造成人力资本的积累更不利于弱势群体，因为收入分配差距的持续扩大，最终只会加大阶层之间流动的难度。

表4-2 农村学生占当年大学录取学生总量比例

时间	比例（%）
1989年	43.4
2000年	48
2003年	约50
2005年	53
2012年	59.1

数据来源：http：//edu.china.com.cn/henan/2013-10/16/content_30308642.htm。

首先，在重点大学中，农村子女的入学机会远低于城市子女（见表4-3）。

北京大学刘云杉教授研究了1978—2005年北大新生的数据，他发现：①北大农村新生的比例在1978—1998年曾在20%~40%浮动，在1983—1987年，农村户籍的学生占35%~40%，1985年的比例最高，为38.9%；②这一比例从20世纪90年代中期开始下降，2000年以后停留在10%~15%。② 无独有偶，罗立祝通过对几所国家部署重点大学统计数据的研究发现，由于在文化资本和社会资本方面所处的劣势地位，农村子女在名牌大学中的比例有逐渐下降的趋势，农

① 搜狐网，http://www.sohu.com/a/1147451_101042。

② “寒门子弟进名校”如何不再难．新京报网，http://www.bjnews.com.cn/finance/2011/10/29/160719.html。

村子女的入学机会与学校的声望地位呈反向相关——声望地位越高的大学，农村子女获得的入学机会就越少。

表4－3　部分高校农村生源新生比例

高校	时间	比例（%）
北京大学	2013年	14.2
清华大学	2013年	41
中国农业大学	2013年	24.34
东南大学	2011年	31.2
山东大学	2013年	39
西安交通大学	2011年	32.5
南京大学	2011年	约30

数据来源：http：//edu.china.com.cn/henan/2013－10/16/content_30308642.htm。

其次，在一般本科高校中，农村子女获得的入学机会低于城市子女。

罗立祝将集美大学作为有吸引力的一般本科院校的代表，统计了该校本专科新生的情况。经过对比，他发现，来自农村和城市的学生，报录比均值分别为0.89和1.24，可以看出城市户籍的学生，其入学机会是农村学生的1.4倍。

他的调研还发现，只有在高职高专院校中，农村子女获得的入学机会才会高于城市子女。

总体看来，农村学生在专科、一般本科和重点大学这三类不同层次高校中的入学机会是依次递减的——城市学生的入学机会在重点大学、一般本科以及专科高校中分别是农村学生的3.1倍、1.4倍和0.67倍。

由以上数据可以看出，不同家庭背景的大学生获得高等教育的机会方面存在差距。然而，所有的大学毕业生的就业倾向却表现出相当高的一致性——绝大多数大学毕业生更青睐主要劳动力市场的工作，希望毕业之后直接进入主要劳动力市场。2016 年中国大学生就业状况调查显示，大学毕业生最期望进入的单位是国有企业和事业单位，比例达到 66. 3% 和56. 6%；其次是党政机关和三资企业，期望选择比例分别是 32. 4% 和32. 8%（这一点从竞争日益激烈的“国考”也可见一斑）。可以看出，大学生最期望进入的单位都具备主要劳动力市场的性质。对他们而言，绝大部分人期望直接进入主要劳动力市场，获取一份工资较高、福利较好、环境优良、有发展前途的工作。

主要劳动力市场也确实如大学毕业生所期望的一般，能够给其带来更高的收入与更大的满足。2016 年麦可思对 2012 届大学毕业生进行的调查显示：首先，主要劳动力市场的收入较高，增长较快——2012 届毕业生在“中外合资/外资/独资”单位就业的 3 年后月收入最高（7405 元），毕业 3 年后在 3000 人以上规模的大型用人单位就业的月收入最高（7066 元）；其次，进入主要劳动力市场，毕业生的满意度高——例如，2015 届本科生毕业半年后的满意度的调查显示，就业于“政府机构/科研或其他事业单位”的毕业生就业满意度最高，为 72%，而就业于“民营企业/个体”的毕业生就业满意度最低，为 59%。①

然而，主要劳动力市场的工作机会却非常难得——从实际签约情况来看，已经就业的毕业生有 18. 7% 进入国有企业就业，12. 3% 到三资企业（独资、合资、合作）就业，而进入事业单位就业的仅占 11. 5%，进入党政机关的人数占比更少，仅为 1. 7%。②

---

① 麦可思研究院. 就业蓝皮书——2016 年中国本科生就业报告[M]. 北京：社会科学文献出版社，2016.

② 孙长缨，张爱芹，漆玲，等. 2016 年中国大学生就业状况调查报告[J]. 中国大学生就业：理论版，2017(7)：34－41.

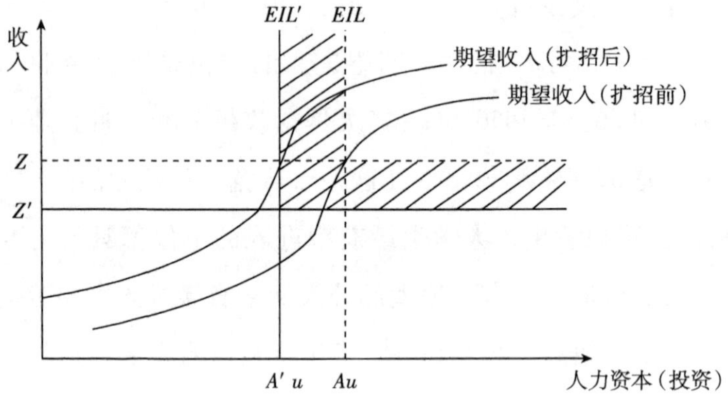

图4－11　期望收入和教育决策线

由于主要、次要劳动力市场中待遇的巨大差异，劳动者就业的第一目标往往对准了主要劳动力市场，因而竞争十分激烈，对于他们而言，能否顺利进入主要劳动力市场，不仅取决于是否具备学历的敲门砖，更取决于所在家庭掌握多少社会资本。姜继红（2007）将社会资本作为大学生就业的一个重要工具，她的研究表明，社会资本在大学生就业过程中发挥了帮助收集、筛选就业信息和推荐学生就业的作用。在就业过程中，大学毕业生能够利用的社会资本包括三类：第一类来自社会的制度性关系（如学校）；第二类来自非制度性关系（一般来自个体，如老师、朋友等）；第三类也是最为重要的社会资本来自生源地的社会关系（如血缘、地缘、业缘）的社会支持。① 研究表明来自生源地社会关系的支持往往在大学毕业生就业过程中起到至关重要的作用（这种社会关系一般正是由其家庭所掌握的）。通常的情况就是“弱关系作为获取就业信息的渠道，强关系作为确定工

① 姜继红．社会资本与就业研究[M]．北京：社会科学文献出版社，2005：182－183．姜继红．高校毕业生就业行为中的社会资本实证分析[J]．广州大学学报（社会科学版），2007，6(1)：18－21.

作的直接手段”①。

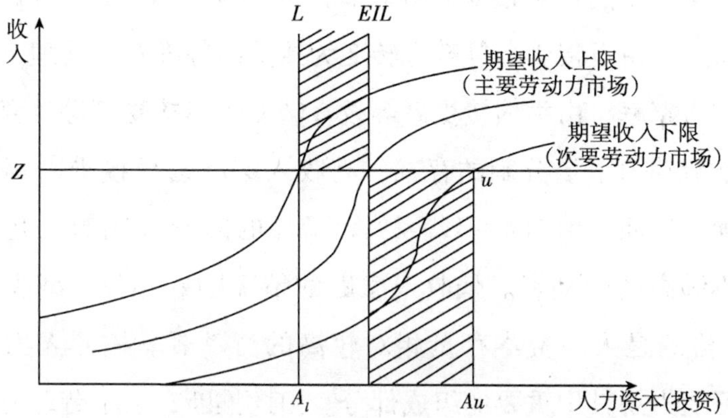

图 4－12　期望收入和教育决策线

一般而言，对于一个家庭来说，其收入水平越高，往往掌握的社会资本越多，因而也越容易利用社会资本帮助子女谋取一份主要劳动力市场的工作。简单起见，我们把高等教育成本 Z 作为划分收入高低，即家庭掌握社会资源多寡的界限。可以看到，收入高于 Z 的家庭，掌握更多社会资源，他们明确劳动者能够进入主要劳动力市场，因此，他们的期望收入线是图 4－2 的期望收入上限曲线。而收入低于 Z 的家庭，掌握的社会资源很少，他们也很明确劳动者只能进入次要劳动力市场，因此，他们的期望收入线是图 4－2 的期望收入下限曲线（如图 4－12 所示）。

两类家庭的高等教育决策条件仍旧都是 $E(I_h) = Z$，但是，由于期望收入线的不同，高收入（多社会资本）家庭的高等教育决策线由 EIL 变为直线 L，低收入（少社会资本）家庭的高等教育决策线由

① 姜继红，汪庆尧．社会资本与就业行为的实证研究［J］．扬州大学学报（人文社会科学版），2007，11(6)：70－74.

EIL 变为直线 U。L 线右侧的高收入家庭选择接受高等教育，L 左侧的高收入家庭则选择不接受高等教育。与图 4－2 相比，阴影部分的高收入家庭，由不接受高等教育转变为接受高等教育。同理，阴影部分的低收入家庭，由举债接受高等教育转变为不接受高等教育。

由于劳动力市场分割的存在，高收入家庭选择接受高等教育的人数增加。然而，由图 4－12 可见，增加的部分（阴影）是人力资本存量不够高的劳动者。低收入家庭的情况刚好相反，减少的部分（阴影）恰好是人力资本存量相对较高的劳动者。按照人力资本理论，学习能力是其中重要的组成部分。由此推断，由于劳动力市场存在分割，在接受高等教育的群体中，学习能力更强更适于接受高等教育的低收入家庭劳动者，被高收入家庭的劳动者所替代。从这个角度来讲，该模型部分解释了目前广泛存在的高校，尤其是除重点高校以外的学校，生源质量有所下降的现象。

高校的扩招和助学贷款本来可以使更多低收入家庭受益（如图 4－10和图 4－11 所示），但是比较图 4－10、图 4－11 和图 4－12 可以看出，由于劳动力市场分割，有很大一部分本应接受高等教育的低收入家庭，选择不接受高等教育。换言之，高校扩招和高校助学贷款并未取得预期的效果。

4.5　本章小结

本章在①对于劳动力的需求方而言，高等教育在劳动力市场中仅仅起信号作用；②家庭高等教育决策取决于成本和预期收益的比较两个前提条件下，建立了劳动力市场分割背景下的家庭高等教育决策理论模型，并利用该模型解释劳动力市场分割如何降低了劳动力配置效率、如何削弱了高校扩招和助学贷款对低收入家庭的支持作用等问题。

5　劳动力市场分割指数的测定

5.1　导言

从上一章理论模型的分析可以看出，劳动力市场分割的存在既降低了市场对劳动力这一生产要素的配置效率，又减少了高校扩招和高校助学贷款制度下低收入家庭的收益，从而加强了社会阶层的固化。那么，劳动力市场分割程度如何度量？我国目前的分割程度究竟处于怎样的水平？对不同收入水平家庭的高等教育决策会产生怎样的影响？本章和第六章将对以上问题做出解答。

本章将以 Mincer 方程为基础，构建劳动力市场分割指数，首先对全国劳动力市场分割的程度进行度量，再按照经济发展水平，将全国分为上游、中游、下游三个层次，分别进行度量，来验证第四章理论模型的推论是否成立。

5.2　劳动力市场分割指数的测定

我国仍处在经济体制由计划经济向市场经济过渡的阶段，消费品市场、资本品市场和劳动力市场都存在不同程度的分割。显然，分割的存在对提高市场对资源的配置效率是不利的。劳动力既是生产要素又是生产要素的承载者，因此，其所在市场的分割与扭曲影响的不仅仅是对人力资源的配置效率，还阻碍了我国的市场化进程。不仅如此，劳动力市场的扭曲，还造成了事实上财富的初始禀赋的差别——职业变成身份的象征，而身份则附加了政治和经济利益。

正因如此，学者们对劳动力市场的分割与扭曲做出了不同方式的解读与测度。赵奇伟、熊性美（2009）认为，地方保护造成了市场分割，他们利用中国 1995—2006 年分地区的居民消费价格分类指数、固定资产投资价格指数和职工平均实际工资指数测算了消费品市场、资本品市场和劳动力市场的市场分割指数并做出比较之后，发现消费品、资本品和劳动力市场之间的分割程度存在显著的差异，劳动力市场在三类市场中分割程度最为严重。张昭时、钱雪亚（2011）度量了城镇劳动力市场的城乡分割指数。他们发现在工资回报层面，相对高端领域的分割程度均弱于相对低端领域；而就业机会层面，五省均可观测到分割现象；而从行业角度看，劳动力市场分割程度与经济发展水平呈正的强相关关系。蒙大斌、杨振兵（2016）则利用随机前沿分析（SFA）方法用劳动边际生产率与实际工资的差异来测算中国省际工业部门的工资扭曲指数。张杰与张建武（2014）认为劳动力市场由于受市场力量和行政权力的双重作用正从所有制分割向行业分割演进，利用 1995 年、2002 年、2007 年的 CHIPS（中国城镇居民家庭收入分配调查数据），构建了反映垄断性行业与竞争性行业间劳动力市场壁垒的城镇劳动力市场行业分割指数。冯涛、罗小伟、刘浩（2016）也将我国劳动力市场的分割归因于行业的“竞争—垄断”二元分割。他们构建了一个封闭的竞争部门和垄断部门彼此分割的理论模型，并据此利用我国行业方面的宏观统计数据，用市场实现出清时竞争部门与垄断部门的工资率之比作为扭曲指数，对劳动力市场的扭曲程度进行了测算。

大部分关于劳动力市场分割的研究在对收入影响因素的分解中，利用了 Mincer 方程。该方程将影响因素分解为教育、工作经验和工作经验的平方。传统的 Mincer 方程如下：

$$\log wage = a + b_1 educ + b_2 exp + b_3 exp^2 + b_4 voc + b_5 sex + b_6 race + e_\tau$$

不言而喻，劳动者的人力资本存量首先反映在其受教育程度上，接受越多的教育意味着人力资本存量越大，也因而劳动边际生产率会有所提高，劳动者顺理成章地能够获得更高的劳动回报，因此，教育年限（*educ*）这一变量的估计系数应为正，而工作经验（*exp*）对收入的影响则比较复杂。一般而言，人力资本是“用进废退”的，它的使用与其他资本的使用不同，使用的过程，即工作过程，对人力资本而言不是消耗，而是积累——工作时间越久，人力资本存量越大；然而到了一定年龄，劳动者的体力、智力开始走下坡路，不仅难以掌握新技术，而且缺乏学习新知识的动力，自然其工作经验的价值会不断缩水。在这个逻辑框架下，工作经验的边际收益以及与之相应的工资回报理应呈现先上升后下降的变动趋势，故而工作经验的系数通常为正值，而工作经验平方项变量（exp^2）上的系数为负值。*exp* 用职工参加工作（非农工作）的时长来表示，有些年份的调查中有此项数据，有些年份则没有直接数据，只能通过“调查年份 - 参加工作年份”来计算。

5.2.1 劳动力市场分割系数测定方法

本书借鉴 Orr（1997）和钱雪亚（2009）的思路，以 Mincer 方程为基础构建劳动力市场分割指数：

（1）首先，构建包含全部样本的 Mincer 方程，即

$$\ln Y^1 = a_1^1 + b_1^1 \cdot Edu + b_2^1 \cdot Exp + b_3^1 \cdot Exp^2 + \sum \beta_i X_i + \varepsilon^1 \qquad (5-1)$$

式中，$\ln Y$——工资取自然对数；

Edu——劳动者受教育（正式教育）年限；

Exp——工作经验；

X_i——包涵了性别、户籍、是否党员等因素。

（2）然后，在式（5-1）的基础上加入“行业特征（$HYTZ$）”变量

$$\ln Y^2 = a_1^2 + b_1^2 \cdot Edu + b_2^2 \cdot Exp + b_3^2 \cdot Exp^2 + \sum \beta_i X_i + a_2 \cdot HYTZ + b_4 \cdot HYTZ \cdot Edu + b_5 \cdot HYTZ \cdot Exp + b_6 \cdot HYTZ \cdot Exp^2 + \varepsilon^2 \quad (5-2)$$

（3）对式（5-1）和式（5-2）进行估计，估计结果为 $\ln \widehat{Y^1}$ 和 $\ln \widehat{Y^2}$，计算

$$\widehat{\varepsilon^1} = \ln Y^1 - \ln \widehat{Y^1}$$

$$\widehat{\varepsilon^2} = \ln Y^2 - \ln \widehat{Y^2}$$

$\left| |\widehat{\varepsilon^1}| - |\widehat{\varepsilon^2}| \right|$ 是工资差异中由劳动力市场分割引起的部分。劳动力市场分割指数的计算方式如下：

$$SegIndex = \frac{1}{\overline{\ln \widehat{Y^2}}} \frac{1}{N} \sum \left(\left| |\widehat{\varepsilon^1}| - |\widehat{\varepsilon^2}| \right| \right) \cdot 100\% \quad (5-3)$$

式中，N——样本总数；

$\overline{\ln \widehat{Y^2}}$——工资估计值取自然对数后的平均值。

按照劳动经济和人力资本理论，在完全竞争的劳动力市场中，信息充分，不存在壁垒，劳动力自由流动，则具有相同人力资本的劳动力理应获得相同的劳动报酬，“分割”这一特征不是决定工资的因素，因此“劳动力市场分割”无法引发工资差异，如此一来，方程

（5－1）和方程（5－2）是等同的，“分割”不能解释 $\ln Y$，估计值 $\hat{\varepsilon}^1$ 和 $\hat{\varepsilon}^2$ 之间不存在显著差异，因而，相应的劳动力市场分割指数 *SegIndex* 很小或近似为0。但如若“劳动力市场分割”确实是影响工资的重要因素，则方程（5－1）和方程（5－2）之间就会存在显著性差异，我们用 $||\hat{\varepsilon}^1|-|\hat{\varepsilon}^2||$ 来反映全部可解释工资 $\ln\hat{Y}^2$ 中可以被“劳动力市场分割”因素解释的部分。*SegIndex* 取值0～100%，劳动力市场分割程度越大，*SegIndex* 值就越大，说明劳动力市场分割程度越严重。

这一指数的优势在于：一是在未知“行业特征”变量影响方式的情况下，同时在截距项上和交叉斜率项上考虑“行业特征”对工资决定的可能影响，避免了仅在交叉斜率项上观察差异可能产生的偏差。二是用 $\ln\hat{Y}^2$ 去除两个工资方程残值差 $||\hat{\varepsilon}^1|-|\hat{\varepsilon}^2||$ 的均值，是观察全部可解释的工资 $\ln\hat{Y}^2$ 中，有多大的份额是由“行业特征”变量所代表的主要、次要劳动力市场分割决定的，这使分割指数具备了更确切的实际含义，具有更直接有效的可判断性。

5.2.2 数据处理

本书在测定劳动力市场分割指数时利用的是 CGSS（中国综合社会调查）2003—2013 年的数据。由中国人民大学中国调查与数据中心负责执行的中国综合社会调查（Chinese General Social Survey，CGSS），遵照国际标准，自 2003 年起，每年一次，对全国 125 个县（区），500 个街道（乡、镇），1000 个居（村）委会、1 万户家庭中的个人实施连续的横截面调查，涵盖了社会、社区、家庭、个人多个层次的数据。面对 CGSS 平台提供的丰富资源，本研究对数据做了以下处理：

第一，筛选劳动年龄样本。对各年度样本进行简单处理，各年度均取劳动年龄内的样本（16 ≤ 年龄 ≤ 60），再根据各年度不同的调查问卷，分别筛选：2005 年，筛选出全职就业样本，2006 年、2008 年筛选出样本类型为城市的样本，2010 年、2011 年、2012 年、2013 年则筛选出从事非农工作的城市样本。然后，把奇异值去掉，最终得到 7 年的样本量分别为 2473、2313、2256、2761、1569、3732 和 3826。

第二，对主要、次要劳动力市场做出划分。我国劳动力市场行业分割的主要原因来自政府对垄断行业的行政保护，因此在划分主要和次要劳动力市场时，本书选择将政府管制少、市场竞争充分、劳动力自由流动的行业作为次要劳动力市场以突显由市场分割导致的分配不合理。本书最初计划将受到政府保护因而市场竞争不够充分的水电气油以及交通运输、邮政、金融等行业划入主要劳动力市场（还包括国有企业、事业单位、党政机关）；而将政府管制少，市场竞争充分，劳动力自由流动的农、林、牧、渔业，制造业和建筑业，批发、零售业，住宿餐饮等行业划入次要劳动力市场。但是囿于大部分年份行业数据的缺失，本书最终选择了综合考虑工作单位的所有制性质和单位类型两大因素，将单位类型为事业单位、党政机关，单位所有制性质为国企或国有控股的样本确定为处于主要劳动力市场，而其他都被视作处于次要劳动力市场。根据前面对主要和次要劳动力市场的界定，我们从中国综合社会调查（CGSS）2005 年、2006 年、2008 年、2010 年、2011 年、2012 年、2013 年的数据中分别筛选出相关的行业组成样本，并将 HYTZ 变量值缺失的样本一一剔除。

第三，本书对相关变量做如下定义：工资（Y，单位：元）为职工平均月度工资性收入，其中含“奖金、补贴和津贴”，缺少月度工资数据的样本，按照月工资＝去年工资性收入/12 计算；教育年限（*Edu*）反映了劳动者接受教育的时长，在有些年份的调查数据中有教育年限的直接数据，对于没有直接数据的年份，根据受教育程度按表5－1计算；工作经验（*Exp*）则用职工参加工作的时长来表示，这一数据可以从调查数据中直接获得，或利用“调查年份－参加工作年份”计算得出。另外，对于有些被调查对象，第一份工作有可能从事农业相关工作，导致参加工作年份与“非农首职开始年份”不一致。考虑到农业劳动与非农业劳动存在诸多差异，遇到此种情况将用“调查年份－非农首职开始年份”作为工作经验（*Exp*）的取值。通常，工作时间越长，其人力资本存量越大，因此工作经验的系数为正值；但到一定年龄之后，劳动者的精力有所下降，原本掌握的知识与技能可能会过时，而其学习能力也会相应下降，工作经验因而不断贬值。故而，工作经验（*Exp*）平方项的系数理应为负值；控制变量为包括以下几组：性别（*Sex*）用1（代表男）或0（代表女）表示，户籍（*Rural*）用1（城市户口）或0（非城市户口）（对于户籍变量，不同年份的分类不一致，对有些年份“非农户口”和“农业户口”分别赋值为1、0，有些年份则对“其余”和“集镇或自理口粮户口、军籍、农村户口、其他”分别赋值为1、0，大部分年份对“居民户口、非农业户口”和“其他”分别赋值为1、0，是否党员（Party）用1（是共产党员）或0（非共产党员）。行业特征（*HYTZ*）用1（主要劳动力市场）或0（次要劳动力市场）来表示。

表 5－1　教育年限赋值

最高教育程度	完成	未完成
没有受过正式教育	0	
小学	6	3
初中	9	7.5
高中、职高、技校、中专	12	10.5
大专	15	13.5
本科	16	14
研究生及以上	20	18

5.3　劳动力市场分割指数测定结果

5.3.1　各年度样本情况统计

由于篇幅所限，以下仅显示了 2010—2013 年各年度基本情况统计表。

表 5－2　2010 年各变量基本情况统计表

变量	范围	比例	均值	标准差
教育年限（Edu）	[3，20]		11.6858	3.537413
工作经验（Exp）	[1，48]		15.68888	10.30453
性别（Sex）	0 女性，1 男性	0.4302789，0.5697211		
户籍（Rural）	0，1	0.3154654，0.6845346		
政治面貌（Party）	0，1	0.8337559，0.1662441		
行业特征（HYTZ）	0，1	0.6671496，0.3328504		
月工资（Y）	[7.083333，500000]		3058.133	12062.14

数据来源：中国综合社会调查 2010 年调查结果

表 5-3　2011 年各变量基本情况统计表

变量	范围	比例	均值	标准差
教育年限（Edu）	[3, 20]		12.36552	4.232868
工作经验（Exp）	[0, 82]		19.55003	11.49474
性别（Sex）	0, 1	0.4282983, 0.5717017		
户籍（Rural）	0, 1	0.5270873, 0.4729127		
政治面貌（Party）	0, 1	0.8744423, 0.1255577		
行业特征（HYTZ）	0, 1	0.7214786, 0.2785214		
月工资（Y）	[25, 83333.33]		2450.729	4089.524

数据来源：中国综合社会调查 2011 年调查结果

表 5-4　2012 年各变量基本情况统计表

变量	范围	比例	均值	标准差
教育年限（Edu）	[3, 20]		12.3884	5.279999
工作经验（Exp）	[1, 51]		15.56886	10.45273
性别（Sex）	0, 1	0.3890675, 0.6109325		
户籍（Rural）	0, 1	0.5133976, 0.4866024		
政治面貌（Party）	0, 1	0.8703108, 0.1296892		
行业特征（HYTZ）	0, 1	0.7339228, 0.2660772		
月工资（Y）	[50, 83333.33]		2875.139	3665.757

数据来源：中国综合社会调查 2012 年调查结果

表 5-5　2013 年各变量基本情况统计表

变量	范围	比例	均值	标准差
教育年限（*Edu*）	[3, 20]		12.73314	5.293356
工作经验（*Exp*）	[1, 43]		14.76085	10.0432
性别（*Sex*）	0, 1	0.3823837, 0.6176163		
户籍（*Rural*）	0, 1	0.5094093, 0.4905907		
政治面貌（Party）	0, 1	0.8619969, 0.1380031		
行业特征（*HYTZ*）	0, 1	0.831678, 0.168322		
月工资（*Y*）	[41.66667, 83333.33333]		3299.881	3773.134

数据来源：中国综合社会调查 2013 年调查结果

由以上各年度不同变量的基本情况统计表可以看出，被解释变量月工资的数据最小值与最大值的差距很大。为了减少极端值的影响，在回归的过程中，本书对数据进行了5%的截尾处理，2005年、2006年、2008年、2010年、2011年、2012年、2013年各年度的样本量分别为2227、2083、2032、2485、1413、3360、3444。

5.3.2 测定结果

首先，对每一年的数据，分别按照式（5-1）式（5-2）式所示的Mincer方程进行回归，得出每组变量的系数，如表5-6所示。

表5-6 各年份工资方程估计结果（不含HYTZ控制变量）

年份 变量	2005	2006	2008	2010	2011	2012	2013
Intercept	6.167	6.162	6.223	6.154	7.208	6.66	6.985
Edu	6.366	6.587	7.069	0.093	2.063	5.172	3.94
Exp	-8.566	-2.217	9.483	0.016	-6.27	2.467	1.81
Exp-square	3.083	-3.87	-2.449	0	-1.06	-5.836	-4.507
Sex	1.492	2.015	1.632	0.246	2.53	2.168	2.597
Rural	4.327	-7.46	1.537	-0.141	-1.568	-5.192	3.507
Party	-5.409	4.534	4.755	0.016	2.055	3.976	-3.805

表5-7 各年份工资方程估计结果（含HYTZ控制变量）

年份 变量	2005	2006	2008	2010	2011	2012	2013
Intercept	6.171	6.235	6.173	6.269	7.329	6.679	6.969
Edu	0.067	0.065	0.078	0.081	1.539	5.217	4.08
Exp	-0.008	-0.008	0.008	0.018	-1.648	2.392	2.032
Exp-square	0	0	0	0	6.927	-6.297	-5.309
Sex	0.149	0.204	0.164	0.248	2.469	2.182	2.564
Rural	0.058	-0.069	0.008	-0.133	-1.212	-4.856	3.793
Party	-0.05	0.048	0.059	-0.011	1.512	3.662	-2.598

续表

年份 变量	2005	2006	2008	2010	2011	2012	2013
HYTZ	-0.136	-0.162	0.091	-0.338	-3.514	-1.303	-3.684
HYTZ_ Edu	-0.001	0.001	-0.016	0.029	1.156	-4.59	-6.791
HYTZ_ Exp	0.003	0.011	0.009	-0.007	3.843	7.177	-9.005
HYTZ_ Exp_ square	0	0	0	0	-7.183	2.127	3.618

然后，利用回归系数对式（5-1）和式（5-2）进行估计，估计结果为 $\ln \widehat{Y}^1$ 和 $\ln \widehat{Y}^2$，并按照式（5-3）计算总的劳动力市场分割指数。

继对全部符合条件的样本进行回归计算出全国的劳动力市场分割指数之后，按照当年经济发展状况，分别对经济发展上游区、中游区、下游区进行劳动力市场分割系数的测定。计算结果如表5-8所示。

表5-8 2005—2013年劳动力市场分割指数

年份	全国	经济上游区	经济中游区	经济下游区
2005	0.53% (2227)	0.15% (1129)	0.99% (717)	0.44% (381)
2006	0.26% (2083)	0.22% (1005)	0.48% (709)	0.23% (369)
2008	0.44% (2032)	0.31% (957)	0.69% (780)	0.59% (295)
2010	0.66% (2485)	0.69% (1416)	0.98% (610)	1.12% (459)
2011	0.96% (1413)	0.44% (605)	0.69% (496)	0.98% (312)
2012	0.37% (3360)	0.37% (1758)	0.58% (970)	0.85% (632)
2013	0.26% (3444)	0.16% (1900)	0.25% (952)	0.39% (592)

注：括号中的数字为样本容量

其中，2005年的经济发展上游区包括上海、北京、广东、江苏、浙江、山东、天津、辽宁、福建、内蒙古；经济发展中游区包括黑龙江、河北、四川、陕西、河南、山西、湖南、湖北、吉林、重庆；经济发展下游区包括安徽、江西、新疆、广西、海南、云南、青海、宁夏、贵州、甘肃、西藏。

2006年经济发展上游区包括上海、北京、广东、江苏、浙江、山东、天津、辽宁、福建、河北；经济发展中游区包括河南、内蒙古、黑龙江、湖南、山西、安徽、湖北、四川、吉林、江西；经济发展下游区包括陕西、新疆、重庆、广西、海南、青海、宁夏、云南、甘肃、贵州、西藏。

2008年经济发展上游区包括上海、北京、江苏、广东、浙江、天津、山东、辽宁、福建、内蒙古；经济发展中游区包括湖北、河北、黑龙江、四川、河南、吉林、陕西、江西、湖南、安徽；经济发展下游区包括山西、重庆、海南、新疆、宁夏、广西、云南、青海、贵州、甘肃、西藏。

2010年经济发展上游区包括广东、江苏、上海、北京、浙江、山东、天津、辽宁、福建、湖北；经济发展中游区包括河北、内蒙古、四川、安徽、河南、江西、湖南、黑龙江、重庆、陕西；经济发展下游区包括海南、吉林、山西、新疆、广西、宁夏、青海、云南、贵州、甘肃、西藏。

2011年经济发展上游区包括广东、江苏、上海、北京、浙江、山东、天津、辽宁、福建、内蒙古；经济发展中游区包括四川、河南、河北、湖北、重庆、安徽、湖南、黑龙江、陕西、吉林；经济发展下游区包括江西、山西、海南、新疆、广西、云南、青海、宁夏、贵州、甘肃、西藏。

2012 年经济发展上游区包括江苏、广东、北京、上海、浙江、山东、天津、辽宁、福建、四川；经济发展中游区包括河南、湖北、湖南、安徽、重庆、吉林、河北、内蒙古、江西、陕西；经济发展下游区：海南、黑龙江、山西、新疆、广西、青海、云南、贵州、宁夏、甘肃、西藏。

2013 年经济发展上游区包括江苏、广东、北京、上海、浙江、山东、天津、辽宁、福建、湖北；经济发展中游区包括河南、四川、湖南、河北、安徽、重庆、吉林、内蒙古、江西、陕西；经济发展下游区包括海南、黑龙江、山西、新疆、广西、贵州、宁夏、云南、青海、甘肃、西藏。

5.3.3 结果分析

2005—2013 年度劳动力市场分割指数的变化趋势，如图 5－1 所示。

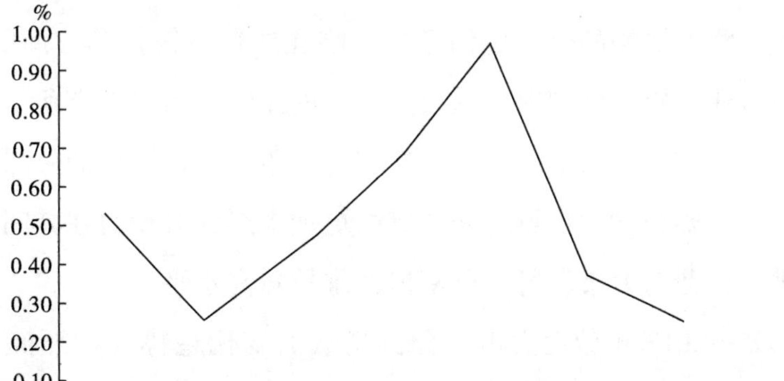

图 5－1　2005—2013 年劳动力市场分割指数（全国）

从 2005—2013 年的主要、次要劳动力市场分割程度折线图（见如图 5－1）可以看出，2005—2006 年劳动力市场的分割程度在减少，

2006 年之后劳动力市场分割程度开始上升，直到 2011 年达到高点；2011—2013 年，主要、次要劳动力市场的分割程度有所下降。

改革开放以来，我国的劳动力市场发生了显著的变化。总体看来，国家一方面部分或全部垄断着关系国计民生的行业，并限制非国有企业的进入；另一方面，加快了对某些国有企业的改革步伐，也通过各种手段在加速非公有制经济的发展。宏观经济的调整反映在劳动力市场上就是，劳动力市场的流动性存在结构性的增强。此后，伴随着宏观经济的结构性调整，国民经济得到迅速发展，某些市场在短期内急剧扩张，二者共同作用，使市场对一些垄断性产品（包括政府规制服务）的供给提出更大的需求和更高的要求，由此某些垄断性行业的收入和利润得到大幅提升，其垄断市场的能力也得到进一步加强，体现在劳动力市场中分割的程度非但没有降低反而得到进一步强化。尤其是近年来，为了应对经济全球化带来的激烈竞争，政府通过“国进民退”的方式加强了垄断，竞争性行业的生存空间不断被挤压。雪上加霜的是，他们还要面临在融资、信贷等方面的歧视。竞争性行业发展受到掣肘，其对劳动力的接纳能力必然有所下降。垄断行业，尤其是国家垄断行业的兴盛与竞争性行业发展的停滞，造成了主要、次要劳动力市场之间的壁垒更加森严，劳动力在其间流动的举步维艰，劳动力市场行业分割依然维持较高水平。

2005—2013 年劳动力市场分割指数的变化趋势（按照经济发展上游、中游和下游区分别进行回归并计算劳动力市场分割指数）如图 5－2 所示。

由图 5－2 中的折线图可以看出：2005—2006 年经济发展中游区和下游区各省的劳动力市场的分割程度都显著减小，而经济发展上游区各省劳动力市场分割程度缓慢上升；2006 年之后，三大区的劳

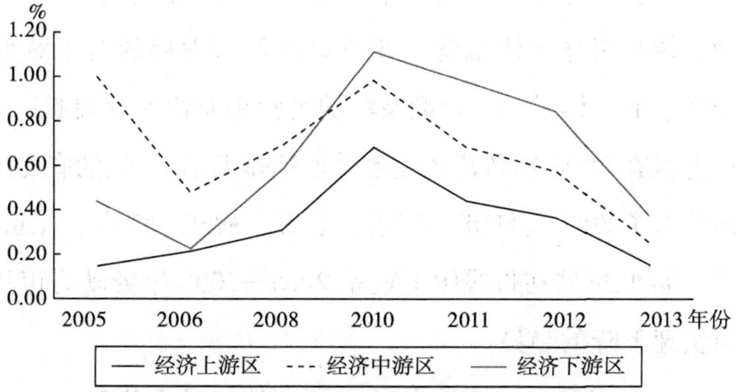

图 5－2　2005—2013 年劳动力市场分割指数
（按经济发展上游、中游、下游区）

动力市场分割程度都在不断上升，直到 2010 年经济发展不同水平的各省劳动力市场分割程度都达到高点；2010—2013 年，三大区的劳动力市场的分割程度都呈下降趋势；另外，从图中还可以看出，经济发展程度与劳动力市场分割程度呈反向关系：从劳动力市场分割程度上看，经济发展下游区 > 经济发展中游区 > 经济发展上游区，这证明了以第四章理论模型为基础的假说（6）。

本书的研究还发现，劳动力市场分割指数的变化趋势图与国家宏观调控政策的走向基本相符。2004 年开始的宏观调控以紧缩为主：年初的中央金融工作会议对加强货币信贷调控提出了要求，着重强调要严格管控钢铁、电解铝以及水泥行业的贷款；4 月，国务院要求采取措施遏制投资过快增长的势头，提高钢铁、房地产开发等的资本金比例，控制经济过热；5 月，国家发改委推出《当前部分行业制止低水平重复建设目录》，涉及行业包括钢铁、有色金属、建材、纺织等行业；8 月，温家宝总理视察温州时强调宏观调控不针对民营企业；10 月，央行宣布提高存贷款利率。由于宏观调控的对象以国有企业为主，垄断行业的收入水平一定程度受到限制。在《国务院关于鼓励支持和引导个体私营等非公有制经济发展的若干意见》逐步落实的背景下，体量小，转型灵活的民营企业快速发展起来（见表5-9），并且在2006年私营企业数量增速排名前10位的省份中经济发展上游区占了80%（江苏、广东、上海、浙江、山东、北京、辽宁、河北）①，因此反映在折线图上就是2005—2006年劳动力市场的分割呈现出快速下降的趋势。

表5-9　2000—2006年我国私营企业发展情况

年份	注册企业（万户）	增长率（%）	注册资金总额（亿元）	增长率（%）	户均注册资金（万元）	增长率（%）	从业人员（万人）	增长率（%）
2000	176	—	13308	—	75.5	—	2406.5	—
2005	430	17.8	61331	27.9	142.6	8.6	5824.1	16.1
2006	498.1	15.8	76029	24.0	152.6	7.0	6586.3	13.1

数据来源：国家工商总局

2008年自美国雷曼兄弟破产之后，美国次贷危机迅速演变为全球金融危机，为了应对金融危机对我国经济的负面影响，政府从2008年第四季度至2010年第三季度施行了积极财政政策和适度宽松货币政策组合——4万亿元投资的经济刺激和不断降低的贷款基准利率及准备金率在应对危机造成的负面影响中发挥了重要作用。但同时，我们可以看到在大力发展“铁公机”的过程中，投资与贷款主要流向了国有企业、垄断行业，在成功抵御金融危机的同时进一步加强了以国有大中型企业为代表的垄断行业的垄断力量。这一境况在2010—2011年达到了顶峰，反映在劳动力市场分割趋势折线图上就是，劳动力市场整体分割指数在2011年，各经济发展水平不同区域

① 民营经济是构建和谐社会的重要力量——2006—2007年中国民营经济发展报告。

的劳动力市场分割指数在2010年达到高值。

2010年以后，为了应对前期扩张性财政与宽松货币政策带来的通货膨胀的压力，国家的宏观调控重点转向“稳物价”，调控政策转变为积极的财政政策与稳健货币政策的组合——存款准备金率和贷款基准利率开始上调，同时通过财政补贴、减免收费等政策措施降低物价上涨对困难群体基本生活的负面影响。在这一阶段还出台了抑制房地产投资性需求的限制性政策。在国家宏观调控的影响下，国有企业、垄断行业都出现了发展放缓的势头，反映在劳动力市场中就是不同行业的劳动者收入差距有所减少，进而市场分割指数逐渐降低。

2012年开始，在保持劳动力市场分割指数经济发展下游区 > 经济发展中游区 > 经济发展下游区这一状态的同时，劳动力市场分割依旧呈现下降趋势。不同的是，2012—2013年，劳动力市场分割指数呈加速下降趋势。究其原因，在国家宏观调控之外与新一届中央高层坚决的反腐行动不无关系。2012—2013年，在诸多“老虎”“苍蝇”被“打”、被“拍”的同时，国务院提出了禁用公款买烟和高档酒；中央军委要求军队领导报告收入房产情况；中央政治局也做出“八项规定”。在日益严格的监管之下，能够设置就业障碍的权力所有者的寻租行为会有所收敛，所以，主要、次要劳动力市场之间森严的壁垒会有所松动，这降低了劳动力市场分割程度，也降低了劳动者在主要、次要劳动力市场之间流动的成本。因而，在劳动力市场分割趋势折线图中，可以看到加速下降的变化。

5.4 本章小结

本章以Mincer方程为基础构建了劳动力市场分割指数，对劳动力市场分割程度进行度量。通过对2005—2013年全国劳动力市场分割指数的变动发现，劳动力市场分割程度不断减少有两个阶段：2005—2006 年，2011—2013 年。两个劳动力市场分割程度不断增加的阶段：2006—2011 年，其中，2011 年劳动力市场分割程度达到了最高点。通过对 2005—2013 年我国宏观经济状况的研究发现，劳动力市场分割指数的变动与宏观经济政策的调整是密不可分的。

在对经济发展上游、中游、下游地区劳动力市场分割指数的测度中，本书发现劳动力市场分割程度与经济发展程度呈反向关系：经济越发达的地区，劳动力市场分割的程度越低。这一结果验证了第四章理论模型提出的推论（6）。

6 实证研究

6.1 导言

本章与第5章的目的相同，都是对第4章理论模型推论的验证。本章中使用的数据是CFPS（中国家庭追踪调查）2010年的基线调查结果，利用Logit模型，对劳动力市场分割背景下，家庭的高等教育决策进行实证研究。本章的实证研究想要验证以下几个方面的猜测：社会资本是否对家庭高等教育决策产生一定的影响？对哪种层次的高等教育影响更为显著？劳动力市场分割越严重，社会资本对家庭高等教育决策的影响是否越大？

6.2 实证模型

高等教育既是消费品，更是投资品，人们在接受教育的过程中，需要承担一定的经济成本和时间成本，而其目的很明确是为了得到将来的收益。因此，对于一个家庭而言，决策的出发点就是如何进行投资方能使接受教育的人获得最大收益。而在劳动力市场存在分割的条件下，高等教育的收益很大程度上取决于劳动者究竟进入了主要劳动力市场还是次要劳动力市场。

本章要进行的实证研究的基本逻辑是，家庭作为决策单元，所拥有的社会资本会影响其对子女的高等教育决策。一般而言，家庭拥有的社会资本越多，越倾向于让子女接受高等教育。原因在于，在接受同等高等教育的条件下，若家庭拥有的社会资本越多，则子女进入主要劳动力市场的可能性越大；换言之，家庭社会资本越多，高等教育的预期收益越高。

此外，在经济发展的不同阶段，家庭背景，即社会资本对家庭高等教育决策的影响存在差异。究其原因，主要在于市场化程度。只有在一个完全市场化的条件下，教育的获得以及经济收入的差距才不受家庭背景的影响。而市场化程度越低，劳动力市场的分割越严重，人力资本流动的成本就越高，家庭掌握的社会资本就会对获取主要劳动力市场的工作机会起到更为关键的作用，即劳动力市场分割越严重，社会资本的作用就越大。

6.2.1 经典模型

学者们根据家庭教育决策模型，建立了教育决策的实证模型，亦即家庭教育需求方程。在这个实证模型中，子女的教育决策受到家庭经济条件及规模、父母的教育水平、子女的性别和年龄、学校的教学质量甚至家校之间的距离等因素的影响。函数的具体形式如下：

$$Sh_i = \alpha + \beta_1 Sex_i + \beta_2 Age_i + \beta_3 Num_i + \beta_4 In_i + \beta_5 Ef_i + \beta_6 Em_i + \varepsilon_i \tag{6-1}$$

式中，Sh_i——父母对第 i 个孩子是否入学的决定，是一个二元选择变量；

Sex_i、Age_i、Num_i、In_i、Ef_i、Em_i——第 i 个孩子的性别、年龄、家庭子女总数、家庭收入总额、父亲的学历水平、母亲的学历水平；

ε_i——随机扰动项。在实际应用中，学者们通常会根据研究的需要对自变量的数目进行增减。

已有的相关文献中，对影响家庭教育决策的微观因素进行分析的时候，一般主要分析子女个人因素、父母学历背景因素以及家庭经济与规模因素等。其中子女个人因素包括年龄、性别、健康状况等；家庭背景因素包括家庭经济条件与家庭总人口数；另外，父母的教育背景也往往会对子女的教育产生显著的影响。在本书中主要分析的是劳动力市场分割的存在是否增强了社会资本在家庭教育决策过程中的作用。因此在实证研究中，首先，建立模型研究社会资本对家庭高等教育决策的影响是否显著；其次，引入市场化指数来代表劳动力市场分割，验证劳动力市场分割严重程度对家庭高等教育决策的影响。

6.2.2 实证研究思路

本书实证分析主要研究的是社会资本对家庭高等教育决策的影响。家庭高等教育决策是一个二元选择问题，即对高等教育接受或不接受的选择，两个选择之间不存在顺序或数量的差异。正是因为教育决策是二值变量，是离散的，而非连续的，不满足正态分布和方差的齐次性，如果利用线性概率模型来估计，当自变量很大或很小时，可能超出 [0, 1] 区间，可见，使用线性模型来拟合方程是不合理的。因此在本书中对家庭高等教育决策的回归将采用 Logit 模型。首先，用家庭掌握的社会资本进行回归，判断社会资本（*s_ capital*）对高等教育决策的影响；其次用社会资本的其他代理变量进行回归，做稳健性检验；再次对教育阶段做进一步细分，研究社会资本究竟对哪些教育层次的影响最为显著；最后，将市场化程度引入模型，通过实证来判定是否市场化程度越低，社会资本对家庭高等教育决策的影响就越显著（在这里，为了避免内生性带来的影响，将用樊纲等的市场化指数作为劳动力市场分割程度的替代，该市场化指数的构造基于宏观经济层面的数据，而不是微观层面的调查）。

在本书的研究中，把重点放在家庭掌握的社会资本对高等教育决策的影响上。在劳动力市场存在分割的前提下，社会资本（俗称关系）对家庭教育决策应该存在显著的影响，故而，本书用教育决策变量对家庭社会资本变量进行回归：

$$Exp\_educ = \partial_0 + \partial_1 \cdot s\_capital + \beta \cdot Z + \varepsilon \quad (6-2)$$

式中，Exp_educ——二值选择变量，表示父母对子女的教育预期（如下文定义）；

$s\_capital$——社会资本变量（如亲友的职业地位）；

Z——控制变量，包括家庭的经济条件、家庭成员总数、子女总数，父母亲接受的教育程度、婚姻状态、户籍、民族，子女的年龄、性别、健康状况等。

6.2.3 变量、样本的选择和数据说明

本章的实证研究利用了“北京大学中国家庭追踪调查”（CFPS）数据库。CFPS 的样本是 25 个省（市、自治区）近 16000 户（目标样本规模）家庭中的全部家庭成员。这项追踪调查关注的重点是我国居民的经济和非经济福利，还包括其他如教育成果、家庭动态、健康等方面的主题。2010 年首次进行的是基线调查，这次调查界定出基因成员，并对他们进行永久追踪。CFPS 调查问卷包括相互印证的社区问卷、家庭问卷、成人问卷和少儿问卷 4 种。文章实证分析主要利用了 CFPS 2010 年的基线调查中家庭库、成人库和少儿库中的数据，采用 Logit 模型进行回归分析。

被解释变量 Y 使用的数据是儿童库中的“您希望孩子念书最高念完哪一程度”，若家庭中成年成员对未成年成员受教育程度的预期在高中（不含）以上，则取1，否则取0 。之所以以高中为“是否接受高等教育”的界限，原因在于我国的高考制度决定了高中是大部分人接受高等教育的必经之路——初中毕业之后的选择往往决定了是否接受高等教育：如果进入职业院校，则意味着毕业后直接进入劳动力市场；如果继续接受高中教育，则意味着毕业之后将有很大可能参加高考进而接受高等教育。

核心解释变量是社会资本。在 CFPS 2010 年基线调查问卷中，有“您是否有行政/管理职务”“您的兄弟姐妹是否有行政管理职务”“您的父亲有无行政/管理职务”“您的母亲有无行政/管理职务”“您的配偶有无行政/管理职务”等问题。若子女的成年亲属中，至少有一人担任行政/管理职务，则取1，否则取0。之所以将所有成年亲属都纳入考虑范围，是因为中国社会是关系本位的社会，社会资本对居民的日常生活影响很大。就业一事，关系到人的生存及其质量，目前的就业市场竞争非常激烈但市场机制不完善，这造成了求职者对就业机会的不可把握，面对这种情形，求职者往往会一边接受现有制度的约束，一边寻求非制度因素作为补偿（前提是这一非制度因素是其能够确实把握的），于是社会资本作为实现就业重要的非制度工具，被人们广泛认同并充分利用。

通常情况下家庭会在子女寻找工作时，深度挖掘社会资本，动用一切可以动用的社会关系，只为找到一份“好”工作。因此，只要是成年的亲戚有一定的社会资本，都会在子女“找工作”时提供帮助。

控制变量包括受访者个人基本特征，如性别、年龄、受教育程度、健康状况、户籍、民族、婚姻状态；子女的基本特征，如年龄、性别、健康状况等；家庭背景因素：家庭经济条件（如家庭收入与支出、家庭净资产等）、家庭人口数、子女数量等。其中：

educ_ fm：父亲受教育程度在初中（含）以上、大专（不含）以下时取1，否则取0；

educ_ fh：父亲受教育程度在大专（含）以上时取1，否则取0；

educ_ mm：母亲受教育程度在初中（含）以上、大专（不含）以下时取1，否则取0；

educ_ mh：母亲受教育程度在大专（含）以上时取1，否则取0。

本书还选取了其他替代解释变量做稳健性检验。具体包括调查问卷中的如下问题的答案："今年春节期间，有几位亲戚拜访您家?""今年春季期间，有几家朋友拜访您家?""您家去年大约送出去多少份礼物/礼金?" "去年所有赠送出去的礼物/礼金总计折合现金多少?"选择这些替代解释变量的原因在于，出于中国传统习俗，通常情况下，掌握社会资本较多的家庭，春节期间门庭若市，来拜访的亲戚朋友很多，收到的礼物也很多；同时，"来而不往非礼也"，为了维护和进一步巩固社会资本，家庭也需要送出不少的礼物/礼金。替代解释变量的定义如下：

q_ visit：将问题"今年春节期间，有几家亲戚拜访您家?"的回答由低到高排序，中位数以上取1，否则取0；

p_ visit：将问题"今年春季期间，有几位朋友拜访您家?"的回答由低到高排序，中位数以上取1，否则取0；

*song*1：将问题"您家去年大约送出去多少份礼物/礼金?"的回答由低到高排序，中位数以上取1，否则取0；

*song*2：将问题"去年所有赠送出去的礼物/礼金总计折合现金多

少?”的回答由低到高排序，中位数以上取1，否则取0；

以上变量说明对其进行的描述性统计如下表6－1所示：

表6－1 变量的描述性统计

变量类型	变量名	变量说明	均值	标准差	最小值	最大值
被解释变量	exp_ educ	若家庭中成年成员对未成年成员受教育程度的预期在高中（不含）以上，取1，否则取0	0.88	0.32	0	1
解释变量	s_ capital	若子女的成年亲属中，至少有一人担任行政/管理职务，取1，否则取0	0.22	0.41	0	1
	q_ visit	见变量说明	0.420	0.490	0	1
	p_ visit		0.470	0.500	0	1
	song1		0.490	0.500	0	1
	song2		0.500	0.500	0	1
控制变量	age_ f	父亲年龄	35.06	6.55	20	75
	age_ m	母亲年龄	33.21	6.44	16	70
	marr_ f	若父亲已婚，取1，否则取0	0.99	0.11	0	1
	marr_ m	若母亲已婚，取1，否则取0	0.99	0.10	0	1
	educ_ fm	见变量说明	0.55	0.50	0	1
	educ_ fh		0.07	0.25	0	1
	educ_ mm		0.46	0.50	0	1
	educ_ mh		0.06	0.24	0	1
	lnasset	家庭净资产对数（元）	11.60	1.30	4.61	16.64
	lnfaminc	调整后的家庭纯收入对数（元）	10.03	0.95	4.61	14.53
	familysize	家庭成员总数	5.65	2.07	2	17
	c_ gender	子女性别	0.52	0.50	0	1
	c_ age	子女年龄	7.03	4.46	0	14

数据来源：中国家庭追踪调查数据库2010儿童库、成人库、家庭关系库、家庭经济库

6.3 实证结果

6.3.1 基本回归结果

(1) 基本结果分析

由表6-2可以看出解释变量社会资本（*s_ capital*）对教育决策的回归系数分别为0.773、0.344、0.251、0.431，都为正，分别在1%、1%、5%、1%水平上显著。这意味着，对于一个家庭而言，掌握的社会资本越多，对未成年子女接受教育程度的期望就会越高。掌握的社会资本的丰富或是稀少，意味着家庭在整个社会中处于优势或是劣势。从社会排斥的角度来看，优势阶层都需要尽力维持代际地位的稳定性，并极力避免代际地位传递的失败，因此，让子女接受更高水平的教育，保持与父母职业、教育的一致性，是家庭代际地位延续的重要保证。以亲友拜访和送礼情况作为替代解释变量的回归结果也表明，社会资本对子女教育决策存在显著的正向影响（见表6-3），说明本书上述结论具有较强的稳健性。

此外，控制变量中，父亲和母亲的受教育程度对子女的教育获得存在显著的影响（见表6-2）。接受过良好教育的父母能够利用教育资源创造良好的家庭氛围，从而有助于子女接受更高程度的教育。同时，文化资本高的父母通常拥有较高的能力，掌握较多的资源，他们能够在子女的学习过程中给予帮助，帮助子女提升学习能力，掌握相关知识，取得较好的学业表现。另外，对子女的教育期望来源于习惯，家庭所处的不同阶层决定了对子女的教育期望：通常处于低收入阶层的父母文化程度偏低，因而对子女的教育期望也会偏低。回归结果如表6-2。

表 6－2　社会资本对家庭高等教育决策的影响

解释变量	(1)	(2)	(3)	(4)
s_ capital	0.773***	0.344***	0.251**	0.431***
	(0.10)	(0.10)	(0.10)	(0.11)
age_ f		-0.023**	-0.021**	-0.035***
		(0.01)	(0.01)	(0.01)
age_ m		0.015	0.013	0.032***
		(0.01)	(0.01)	(0.01)
marr_ f		-0.265	-0.434	0.320
		(0.58)	(0.58)	(0.69)
marr_ m		0.909*	1.090**	0.694
		(0.54)	(0.53)	(0.65)
educ_ fm		0.516***	0.419***	0.254***
		(0.07)	(0.07)	(0.08)
educ_ fh		1.533***	1.112***	1.141***
		(0.39)	(0.39)	(0.40)
educ_ mm		0.913***	0.744***	0.506***
		(0.08)	(0.08)	(0.09)
educ_ mh		1.905***	1.394***	1.303***
		(0.43)	(0.44)	(0.49)
c_ gender		0.198***	0.172**	0.221***
		(0.07)	(0.07)	(0.07)
c_ age		-0.022**	-0.027***	-0.039***
		(0.01)	(0.01)	(0.01)
lnasset			0.103***	0.095***
			(0.03)	(0.04)
lnfaminc			0.416***	0.344***
			(0.04)	(0.05)
familysize			-0.093***	0.022
			(0.02)	(0.02)

续表

解释变量	(1)	(2)	(3)	(4)
常数项	1.888***	1.017***	-3.483***	-4.843***
	(0.03)	(0.35)	(0.55)	(0.65)
省份固定效应	否	否	否	是
区县固定效应	否	否	否	是
观测值	9448	9448	9448	7692
伪 R^2	0.011	0.081	0.107	0.177

数据来源：中国家庭追踪调查数据库2010儿童库、成人库、家庭关系库、家庭经济库

注：***、**、*分别表示在1%、5%和10%的水平上显著；括号中为稳健标准的

（2）稳健性与内生性检验

对于社会关系变量，本书选用社会资本的替代变量 *q_ visit*、*p_ visit*、*song*1 、*song*2 进行稳健性检验，得到了如表 6-3 所示的结果，可以看出 *p_ visit*（春节期间有几位朋友拜访您家）、*song*1（您家去年大约送出去多少份礼物/礼金）、*song*2（您家去年所有赠送出去的礼物/礼金总计折合现金多少）都在1%的水平上显著，这说明家庭掌握的社会资本的多寡对高等教育决策影响巨大。

表 6-3　稳健性与内生性检验结果

	Logit 模型				*Iv-probit* 模型
	(1)	(2)	(3)	(4)	(5)
q_ visit	-0.139				
	(0.09)				
p_ visit		0.459***			
		(0.09)			
*song*1			0.464***		1.623***
			(0.09)		(0.21)
*song*2				0.344***	
					(0.10)

续表

	Logit 模型				*Iv－probit* 模型
控制变量	是	是	是	是	是
省份固定效应	是	是	是	是	是
区县固定效应	是	是	是	是	否
观测值	6607	6607	6607	6607	8490
伪 R^2	0.172	0.177	0.177	0.174	—

注：＊＊＊、＊＊、＊分别表示在1%、5%和10%的水平上显著；括号中为稳健标准。包含表6－2中的全部控制变量。被解释变量为家庭中成年成员对未成年成员受教育程度的预期

考虑到家庭社会资本变量可能存在一定的内生性，本书选取“区域关系文化”指标，即上年中个体所在区县的平均赠送礼金数量，作为*song*1的工具变量进行*IV－probit*估计。一方面，该指标衡量了地区关系文化的强弱程度，对所在地区个体的关系文化观念具有一定的影响，因而满足工具变量的相关性假定；另一方面，在理论上除个体所在家庭的社会资本以外，“区域关系文化”指标不会通过其他渠道对家庭教育决策产生影响，因此具有较强的外生性。表6－3第（5）列为工具变量估计的结果，与第（3）列相比，在估计系数的方向和显著性上并无显著差异，这表明，即使本书的解释变量存在一定的内生性，亦不会对基本结论产生根本性的影响。此外，由第一阶段的估计结果可知，工具变量与解释变量之间的系数在1%的水平下显著为正，符合理论预期，这在一定程度上表明本书工具变量的选择较为合理。

6.3.2 教育阶段的细分

事实上，对于不同水平的教育，社会资本的影响不尽相同。例如，基本的高等教育水平——大专（本科），作为很多职位，尤其是主要劳动力市场中职位的最低门槛，是家庭高等教育决策最为关注

的，也因此是受社会资本影响最大的教育阶段。而更高层次的高等教育，如硕士、博士研究生教育则更依赖于接受教育者的学习能力。

接下来对教育阶段做进一步细分，以便深入探究社会资本的教育决策效应。由表6－4可知，社会资本变量（*s_ capital*）的系数仅在第（1）、（2）、（4）列中显著为正，这表明社会资本较高的家庭更倾向于让子女读大专（或本科）而非只读高中，而如果让家长在大专和本科之间选择的话，他们更倾向于让子女读本科。相反，对于初中和高中、本科和硕士以及硕士和博士之间的教育决策则不受家庭社会资本的影响。可能的原因在于，让子女接受大学（包括本科和大专）教育才能最大限度地发挥家庭社会资本的作用。教育程度过低（大学以下）则达不到门槛条件，社会资本也无法充分发挥；教育程度过高（大学以上），则学历本身占据主导地位，社会资本的作用难以体现。

表6－4　对教育阶段的进一步细分

解释变量	(1) 高中 VS 大专	(2) 高中 VS 大专/本科	(3) 初中 VS 高中	(4) 大专 VS 本科	(5) 本科 VS 硕士	(6) 硕士 VS 博士
s_ capital	0.530*	0.432***	-0.532	0.331**	-0.109	-0.052
	(0.31)	(0.13)	(0.42)	(0.15)	(0.14)	(0.18)
控制变量	是	是	是	是	是	是
省份固定效应	是	是	是	是	是	是
区县固定效应	是	是	是	是	是	是
观测值	1000	4614	675	4397	3881	1656
伪 R^2	0.158	0.095	0.166	0.094	0.17	0.161

注：***、**、*分别表示在1%、5%和10%的水平上显著；括号中为稳健标准误。包含表2中的全部控制变量。被解释变量为家庭中成年成员对未成年成员受教育程度的预期，采用Logit模型进行回归

6.3.3 不同市场化水平条件下，社会资本对家庭教育决策的影响差异

表6－5考察在不同的地区市场化程度下，社会资本对家庭教育决策的影响差异。第（1）～（3）列以亲友的职业地位衡量家庭社会资本，第（4）、（5）列以家庭受（赠）礼金情况作为衡量家庭社会资本的替代指标。由第（1）、（4）、（5）列可知，社会资本与地区市场化程度变量的交互项均为负，且在第（4）、（5）列中均至少在5%的水平下显著，意味着随着地区市场化程度的上升，家庭社会资本对子女教育决策的影响下降。第（2）、（3）列按照地区市场化程度的高低进行分组回归，结果同样表明家庭社会资本对子女教育决策的正向影响仅在市场化程度较低的地区显著为正。

这一结果很好地反映了现实：一个地区市场化程度越低，资源配置则越倾向于依靠行政命令而不是市场，在此过程中，“关系”也就是社会资本，自然会起到相当大的作用。劳动力市场中也是如此，主要、次要劳动力市场的分割，给劳动力的自由流动设置了诸多障碍，想要获取一份工资高、环境好、有前途的稳定工作，很大程度上取决于家庭是否掌握了足够丰富的社会资本，而不是劳动者本身的生产能力和工作效率。

表6－5 不同制度环境下社会资本对教育决策的影响差异分析

解释变量	（1）	（2）	（3）	（4）	（5）
s_ capital	0.556***	0.549***	0.301		
	（0.19）	（0.19）	（0.19）		
song1				0.612***	
				（0.11）	
song2					0.530***
					（0.12）

续表

解释变量	(1)	(2)	(3)	(4)	(5)
*s_ capital * market*	-0.286				
	(0.26)				
*song1 * market*				-0.429**	
				(0.19)	
*song2 * market*					-0.498***
					(0.19)
market	0.449			1.951***	2.048***
	(0.54)			(0.46)	(0.47)
控制变量	是	是	是	是	是
省份固定效应	是	是	是	是	是
区县固定效应	是	是	是	是	是
观测值	4614	2767	1813	6607	6607
伪 R^2	0.096	0.106	0.097	0.178	0.175

注：***、**、*分别表示在1%、5%和10%的水平上显著；括号中为稳健标准。包含表2中的全部控制变量。被解释变量为家庭中成年成员对未成年成员受教育程度的预期，采用Logit模型进行回归。第（2）、（3）列为分组回归结果，其中，第（2）列为市场化程度较低地区的样本组，第（3）列为市场化程度较高地区的样本组。第（1）~（3）列中，教育预期为高中、大专与本科。取2007年、2008年和2009年各地区市场化指数的平均值，将该平均值由低到高排列，取中位数，中位数以上地区，*market* 取1，否则取0。其中，市场化指数相关数据来自樊纲、王小鲁、朱恒鹏：《中国市场化指数——各地区市场化相对进程2011年报告》

6.4 本章小结

第6章是本书实证研究的重要组成部分，在本章中利用Logit模型进行的分析验证了：家庭掌握的社会资本对高等教育决策有很大影响；在“基本学历要求”水平上，社会资本的影响尤为显著［验证了第四章理论模型的推论（5）］；劳动力市场分割越严重，社会资本对家庭高等教育决策的影响越大［验证了推论（6）］。

7 研究结论与政策建议

7.1 研究结论

本书研究了在劳动力市场分割的背景下的家庭高等教育决策，并利用 CGSS 度量了劳动力市场分割程度；利用 CFPS 数据库对理论模型进行了实证分析。通过以上研究，本书得出了如下基本结论：

（1）劳动力市场分割程度、市场化水平与经济发展之间存在联系

中国存在比较明显的主要、次要劳动力市场分割。人力资本投资，尤其是高等教育投资在主要劳动力市场中的收益大于在次要劳动力市场中的收益。并且，在处于不同经济发展水平的区域，劳动力市场分割的情况随着经济发展水平的提升而减弱；随着市场化水平的提升，主要、次要劳动力市场之间的分割程度也呈逐渐减弱的变化趋势。这意味着，劳动力市场分割程度、市场化水平与经济发展之间存在着某种关系，打破了主要、次要劳动力市场之间的壁垒，不仅促进了劳动力的流动，使其得到更合理的配置，还可能因此带来经济发展水平的进一步提升。

（2）劳动力市场分割背景下，社会资本损害了低收入家庭的福利

教育，尤其是高等教育作为一种重要的代际流动机制，本应发挥提高社会公平，促进低收入家庭的子女实现经济地位提升和社会地位向上流动的作用。但由于社会资本的作用，劳动力市场分割的存在，损害了低收入家庭的福利。低收入家庭由于没有掌握足够多的社会资本，不能确保下一代获得主要劳动力市场中的工作，因而往往不支持他们接受高等教育，结果就是低收入家庭的子女受教育水平普遍偏低，如此，就更加无法依靠教育实现向上流动。这是一个恶性循环，最终会造成低收入家庭的福利每况愈下，而主要劳动力市场的职位更多地被高收入家庭的子女占据，“马泰效应”日趋显著。

（3）分割降低了劳动力市场的配置效率

劳动力市场的分割，拉低了劳动者的平均素质，损害了劳动力市场的配置效率。低收入家庭由于承担不起高等教育的成本，接受高等教育的人在数量和质量上都呈现出日益下降的趋势，其连带结果就是整体教育水平和人力资本存量的降低。更糟糕的是，劳动力市场分割的存在，使高校接受了更多高收入家庭的下一代，挤出了一部分低收入家庭的下一代，而且两者相比较，被挤出的人群拥有更高的人力资本。这不仅意味着主要劳动力市场劳动者的平均素质会因此而降低（显然，这与劳动力市场分割存在的初衷相违背），还意味着低收入家庭的子女失去了不少“阶层逆袭”的机会。

（4）劳动力市场分割造成“过度教育”与“求亲靠友”

尽管高校扩招能够为更多的人提供接受高等教育的机会，能够提高我国劳动力的平均受教育程度，进而对我国的技术创新和产业升级具有非常积极的促进作用，但由于经济发展的不均衡，劳动力市

场存在分割，经济发达、公共服务完善的大城市往往成为大学毕业生工作的首选地，同时户口、公费医疗、社会保障等制度性福利和行业性垄断收益也吸引着毕业生在求职时向“好”单位和“好”行业集聚。一个必然的结果就是，众多高等教育的毕业生在求职时都将目标锁定在主要劳动力市场中的职位，竞争十分激烈，“水涨船高”的结果就是，若想获取一份主要劳动力市场中的工作，要么接受更高程度的教育，要么更深地挖掘和利用家庭掌握的社会资源。前者是对教育资源的浪费，后者则使劳动力市场对人力资源的配置效率遭受更大的损害。显然，这两种结果都是我们不愿意看到的。

7.2 政策建议

为了促进社会公平和市场的良性发展，减少劳动力市场分割所带来的对低收入家庭福利和劳动力市场配置效率的损害，打通阶层流动的通道，本书认为可以从以下 3 个方面着手：

（1）减少政策性、制度性劳动力市场分割，降低劳动力流动成本

我国的劳动力市场分割大部分是由制度造成，国有企业、非国有企业的划分很大程度上能够解释壁垒的存在。这种由政府行政力量所直接导致的分割，不能正确反映供需关系，对劳动力资源的配置效率不高，要想削弱劳动力市场分割对效率和公平的影响，必须最大限度地打破行业垄断，弱化垄断行业中的就业优惠政策，建成统一的竞争性劳动力市场。实现这一目标，“道阻且长”，需要从多方面加以推进：第一，民营企业承载着容纳劳动力的重大责任，国家应适当顾及民营等非公有制经济的利益，在制定金融、税收乃至行业发展政策时要充分考虑对其的影响；第二，对于处在主要劳动力市场的垄断行

业应进行甄别，对不必要的行政垄断要逐步取消，从制度上消除主要、次要劳动力市场之间劳动者就业机会和身份的差别，保留那些必不可少的垄断行业，但要对其用工制度、工资决定和收入结构进行一定的调整；第三，平衡主要、次要劳动力市场的社会保障水平，降低劳动力在市场之间流动的成本，为统一劳动力市场的建立创造条件。破除阻碍劳动力自由流动的障碍，为其自由流动创造公平的环境，这不仅是适应经济全球化、调整与升级我国产业结构的需要，还是提高市场资源配置效率的要求和实现社会公平必由之路，更是建设社会主义和谐社会的题中应有之意。

（2）加大对于低收入家庭的保障力度，确保教育公平

显然，如果没有任何外来资助，低收入家庭放弃接受高等教育去参加工作是“理性”的。因而，政府应该也必须起到推动低收入群体进行教育投资的作用。不同的国家在教育财政体制上存在差异，各国财政承担的高等教育费用的比例差距甚大，有资料显示，大多数发达国家公共负担比例都高于 50%。2006 年的调查显示，OECD 国家高等教育经费分担的平均水平为国家承担 84.7%，私人承担 15.3%。在比利时和瑞典，国家所承担的比例甚至分别高达 94.4% 和 97.3%。日本、韩国的高等教育经费国家负担的比例相对较低，也在 60% 左右。在进入高等教育大众化阶段的大多数国家，家庭对高等教育费用的负担比例均较低。反观我国，近年来，在高等教育的负担中，家庭承担的比例均高于国家。高昂的教育成本对低收入家庭来说，不啻一种沉重的负担。《2005 年社会蓝皮书》（由中国社科院发布）显示，家庭教育消费占据家庭消费的首位，据调查，有 25.5% 的学生因为家庭没有支付能力而放弃接受高等教育。只有当政府提供给这些群体以足够的支持，他们的理性选择才有可能向接受高等教育这一有

利于社会整体发展的方向转变。重中之重是要加大对高等教育的投资力度，提高国家负担率，这比助学贷款更能有效解决低收入家庭子女上不起学的问题。另外，还可以通过降低高等教育的学费，集合社会多方面资金助学（例如，为低收入家庭的优秀学生捐资或设立奖学金等）等措施帮助低收入家庭的子女接受更高水平的教育。

教育公平的另一个含义是：不能把普通高等教育收费转变为精英教育的融资手段。培养出各行各业出类拔萃的精英人才，如学术大师、知名专家学者、学科带头人、社会政要、企业家等，固然具有重要的社会意义。然而，这种“英才教育意识”直接导致了我国高等教育发展观念受到制约，大部分高校在办学目标以及投入选择上是雷同的：不管有无实力，都力争上游，要在高层次学术上或高新科技上有所作为，因而经费投入在精英教育方面有巨大的倾斜（如在人才引进、课题资助、成果奖励等方面不惜重金）。从国家层面来看也是如此，大笔的教育经费、拨款都被投入到有限的几所名校中。事实上，在如今大众化高等教育的时代，对于“人才”的界定是多元化的，因而把学生个个都培养成“精品”的愿望是不现实的，一个国家的人力资源的质量也不是体现在有多少精英上。原因很简单，精英教育的成果，只限一小部分人享用，大众的普遍的教育才会惠及更大的人群。政府应该在追求培养“精英人才”从而实现科教兴国，向精英教育略有倾斜的同时，清晰界定精英教育与大众教育，帮助各高校设置量力而行的、接地气的发展目标，不让低收入家庭筹措不易的学费在盲目的投入中打了水漂。

另外，高职教育在我国的发展也值得反思。在高等教育严重压力下，作为“泻洪口”的高职教育发育严重不良。高职教育因其计划宽松、录取分数线低、生源众多而成为某些高校新的“经济增长点”。作为高职教育的“产品”，其毕业生得不到市场的认同——即使校方采取了“订单式”培养，老旧的教学生产线上培养出来的“产品”也往往缺乏市场竞争力。作为投资方的家庭连投资尚且不能收回，更遑论收益。高职教育的兴起更像是一种泡沫性膨胀，它对社会产生了双重的经济伤害：一方面，学生的个人收益大打折扣，这无疑加剧了低收入家庭的经济压力，延长了其贫困期；另一方面，高职教育的“产品”使用价值较低，尽管拿着一纸文凭进入劳动力市场，但越来越多的“毕业即失业”的学生仅能依靠临时性打工维持生计，成为城市新的贫困阶层。

（3）健全法制，减少社会资本对就业的影响

在求职过程中，社会资本的使用，虽然能够帮助求职者获取主要劳动力市场的工作，带来更高的收入，但从社会整体来看，它体现的是人情交换和私人运作，容易造成劳动力资源的错配与不恰当的收入差距，有违市场机制的公平原则。我国历来是人情社会，只有更加健全的法律和制度，才能减少社会资本的影响，使教育、就业机会更加平等，避免其带来的扭曲效应。另外，教育除了能够增加劳动者的人力资本，进而能够促进经济增长，还兼具高层次的社会功能——促进社会的公平和稳定。而这一作用正是通过低收入家庭的子女接受高等教育，实现社会地位的提升得以体现的。要实现公平的目标，政府应对权利的使用、社会资本的使用加以限制，减少权利所有者的寻租行为，缩小高收入家庭所掌握的社会资本的作用空间，建立公平的就业平台，唯其如此，来自社会经济地位底层/低层家庭的劳动者方能通过自己的努力把握机会，进入职业金字塔顶层，实现家庭社会地位的提升。只有保证了社会各阶层的流动性，尤其是社会底层向上的流动性，整个社会的职业系统才得以保持动态的平衡，从而保证国家

的长治久安。

（4）完善次要劳动力市场的社会保障，减小主要、次要劳动力市场的利益差距

一方面，在我国，体制内的很多福利（如低廉的房价），只有在主要劳动力市场才能享受，而且好的工作岗位相对较少，其数量相对而言是有限的，这是很多劳动者宁可冒着失业的风险也不选择次要劳动力市场的重要原因之一。另一方面，作为发展中国家，创造出来新的就业岗位这一重任很大程度上是由中小企业、民营企业来承担的，而人们普遍认为中小企业、民营企业是处在次要劳动力市场的需求方。从整个社会层面来看，单纯地要求高人力资本所有者发扬奉献精神，放低姿态，接受次要劳动力市场中的工作是不够的；相反，缩小主要、次要劳动力市场差距，消除劳动力市场的分割才是更为关键的。一旦“好工作”与“差工作”在工资福利、社会保障等方面不存在如此显著的差异，低收入家庭就不会因为担心“入不敷出”而放弃子女接受高等教育的机会，高收入家庭也不会为了获得好工作而不断利用社会资源。所以，要想打破分割，必须完善社会保障制度，建立覆盖整个劳动力市场的统一的社会保障标准，削弱社会保障水平与单位性质的联系；必须改善次要劳动力市场的工作环境，规范其运作流程，保障其工作安全。唯其如此，才能提高次要劳动力市场的待遇，减少主要、次要市场间流动的成本、不同体制间流动的成本，从而逐渐消除两个市场间的差距。

（5）提高家庭决策者的高等教育决策能力，使决策目标更明确，过程更科学，决策更合理

除劳动力市场分割会影响劳动者的工作选择之外，作为家庭高等教育决策者的家长对子女的就业也可能起到负面作用。高等教育

投资周期长，并且具有不可逆和不可间断性，以及较高的正的外部效应，一旦投资失败不仅对家庭而言是一笔很大的经济损失，对子女而言更是不可挽回的“沉没成本”。家庭高等教育投资决策者有可能因为情感因素或由自身素质带来的认知差异导致投资决策非理性（如专业选择的错误等）。为了减少非理性投资及其带来的劳动者难以在主要劳动力市场就业现象的发生，教育主管部门、统计部门以及相关国家机构必须加强信息化建设，为家庭教育投资者提供充分、准确、有用的信息（例如，不同专业的社会需求以及就业率、高等教育费用相关信息、职业发展预测等），减少由心理偏差导致的决策行为偏差，为其实现理性决策构建信息相对充分的决策环境。还可以建立专门的教育投资辅导机构和职业生涯咨询机构，为家庭高等教育决策提供专业帮助，以做出最符合投资对象个性特点的教育投资方向，提高家庭高等教育的投资效率。另外，家庭高等教育投资的决策者（家长）也应通过加强信息搜集、不断学习来提高自身决策水平，降低盲目投资、不合理投资决策的可能性。

参考文献

[1]Adler P S, Kwon S W. Social Capital: Prospects for a New Concept [J]. *Academy of Management Review*, 2002, 27(1):17 -40.

[2]Arai K. Cooperation, job security, and wages in a dual labor market equilibrium[J]. *The Journal of Socio - Economics*, 1997, 26(1): 39 -57.

[3]Becker G S, Tomes N. Human capital and the rise and fall of families[J]. *Journal of Labor Economics*, 1986, 4(3, Part 2):S1 - S39.

[4]Becker G S. Human Capital and the Personal Distribution Of Income: An Analytical Approach[J]. *Oecd Journal Economic Studies*, 1967.

[5]Becker G S. Investment in Human Capital: A Theoretical Analysis [J]. *Journal of Political Economy*, 1962, 70(5):9 -49.

[6]Becker G S. Underinvestment in college education[J]. *American Economic Review*, 1975, 50(2):346 -354.

[7]Blaug M. The economic value of education. Columbia University Press, 1963:581 -581.

[8]Bosanquet N, Doeringer P. Is there a dual labour market in Great Britain? [J]. *Economic Journal*, 1973, 83(330):421 -435.

[9]Bowen W G, Goldberg P K. Economic Problems Confronting High-

er Education: An Institutional Perspective[J]. *American Economic Review*, 1977, 67(1):96 - 100.

[10]Burt R S. *Structural holes*[M]. Harvard University Press, 1992.

[11]Cain G. The Challenge of Segmented Labor Market Theories to Orthodox Theory: A Survey[J]. *Journal of Economic Literature*, 1976, 14(4): 1215 - 1257.

[12]Canton E, Vossensteyn H. Deregulation of higher education: tuition fee differentiation and selectivity in the US[J]. *Salud Publica De Mexico*, 2001, 56(4):371 - 378.

[13]Carrasco R, Jimeno J F, Ortega A C. The effect of immigration on the labor market performance of native - born workers: some evidence for Spain [J]. *Journal of Population Economics*, 2008, 21(3):627 - 648.

[14] Constant A, Massey D S. Labor Market Segmentation and the Earnings of German Guestworkers[J]. *Population Research & Policy Review*, 2005, 24(5):489 - 512.

[15]Dickens W T, Lang K. A Test of Dual Labor Market Theory [J]. *American Economic Review*, 1985, 75(4):792 - 805.

[16] Dickens W T, Lang K. The Reemergence of Segmented Labor Market Theory[J]. *American Economic Review*, 1988, 78(2):129 - 134.

[17]Doeringer, Peter B. Piore, Michael J. Internal Labor Markets and Manpower Analysis. [J]. *Industrial & Labor Relations Review*, 1970:344.

[18]Fan C C. The Elite, the Natives, and the Outsiders: Migration and Labor Market Segmentation in Urban China[J]. *Annals of the Association of American Geographers*, 2002, 92(1):103 - 124.

[19]Fukuyama F. Social Capital and Civil Society[J]. *Social Science*

Electronic Publishing, 2000(74).

[20] Gindling T H. Labor Market Segmentation and the Determination of Wages in the Public, Private – Formal, and Informal Sectors in San Jose, Costa Rica. [J]. *Economic Development & Cultural Change*, 1991, 39 (3):585 – 605.

[21] Glenn, Cain, The Challenge of Segmented Labor Market Theories to Ortodoxo Theory: A Survey[J]. *Journal of Economic Literature*, 14, vol. 4, p. 1215 – 1257

[22] Hansen W L, Weisbrod B A. On the Distribution of Costs and Benefits of Public Higher Education: Reply [J]. *Journal of Human Resources*, 1971, 6(3):363 – 374.

[23] Heckman J J, Hotz V J. An Investigation of the Labor Market Earnings of Panamanian Males Evaluating the Sources of Inequality [J]. *Journal of Human Resources*, 1986, 21(4):507 – 542.

[24] Hiebert D. Local Geographies of Labor Market Segmentation: Montréal, Toronto, and Vancouver, 1991[J]. *Economic Geography*, 1999, 75(4):339 – 369.

[25] Hossler D, Scaleselove P. Grounded Meta – Analysis: A Guide for Research Syntheses. [J]. *Review of Higher Education*, 1989, 13(1): 1 – 28.

[26] Hossler D. Choosing Colleges: How Social Class and Schools Structure Opportunity[J]. *Case Studies*, 1999, 69(5):583.

[27] Hossler, D, Gallagher, Karen S. Studying Student College Choice: A Three – Phase Model and the Implications for Policymakers. [J]. *College & University*, 1987, 62.

[28] Hudson K. The new labor market segmentation: Labor market dualism in the new economy [J]. *Social Science Research*, 2007, 36 (1): 286 – 312.

[29] Laing C, Chao K M, Robinson A. Non – Traditional Student Expectations and Progression: A Game Theory Approach [J]. 2002, 2: F4B – 7 – F4B – 12 vol. 2.

[30] Litten L H. Different Strokes in the Applicant Pool [J]. *Journal of Higher Education*, 1982, 53(4): 383.

[31] Loveridge, R. and Mok, A. L., 1979. Theories of Labor Market Segmentation. Brussels – Luxembourg.

[32] Manser M, Brown M. Marriage and Household Decision – Making: A Bargaining Analysis [J]. *International Economic Review*, 1980, 21 (1): 31 – 44.

[33] Manski C F, Wise D A. College *Choice in America* [M]. Harvard University Press, 1983.

[34] March J G, Olsen J P. Rediscovering institutions: The organizational basis of politics [J]. *Society*, 1995(4): 843.

[35] Mark Thomas, Luc Vallée. Labour market segmentation in Cameroonian manufacturing [J]. *Journal of Development Studies*, 1996, 32(6): 876 – 898.

[36] Mcelroy M B, Horney M J. Nash – Bargained Household Decisions: Toward a Generalization of the Theory of Demand [J]. *International Economic Review*, 1981, 22(2): 333 – 349.

[37] Mendras H. Francis Fukuyama, Trust, the social virtues and the creation of prosperity [J]. *Revue Française De Science Politique*, 1995, 45.

[38]Mok,A. L. and Bracke,J. ,1976. "Labor Market:An Attempt to Integrate Economic and Sociological Points of View." Economisch en Sociaal Tijdschrifl. 30(4).

[39]Papas G, Psacharopoulos G. The transition from school to the university under restricted entry: A Greek tracer study[J]. *Higher Education*, 1987, 16(4):481 -501.

[40]Paulsen M B. Going to College: How Social, Economic, and Educational Factors Influence the Decisions Students Make, by Don Hossler; Jack Schmit; Nick Vesper[J]. *Age Differences*, 2001, 20(99):97 -98.

[41]Piore M J. Impact of immigration on the labor force[J]. *Monthly Labor Review*, 1975, 98(5):41 -44.

[42]Psacharopoulos G. Economics of education : research and studies [J]. *Journal of Human Resources*, 1987, 24(2).

[43]Reich M, Gordon D M, Edwards R C. A Theory of Labor Market Segmentation[J]. *American Economic Review*, 1973, 63(2):359 -365.

[44]Reid L W, Rubin B A. Integrating Economic Dualism And Labor Market Segmentation: [J] . *Sociological Quarterly*, 2003, 44 (3): 405 -432.

[45]Rothschild M, White L J. The Analytics of the Pricing of Higher Education and Other Services in Which the Customers Are Inputs. [J]. *Journal of Political Economy*, 1995, 103(3):573 -86.

[46]Sandra,Poncet. 中国市场正在走向"非一体化"? ——中国国内和国际市场一体化程度的比较分析[J]. 世界经济文汇, 2002(1): 3 -17.

[47]Sawada, Yasuyuki Lokshin, Michael. Household Schooling Deci-

sions in Rural Pakistan. Working Paper. [J]. *Policy Research Working Paper*, 2001:34.

[48] Schultz T W. Investment in Human Capital[J]. *Economic Journal*, 1961, 82(326):787.

[49] Sewell W H, Shah V P. Parents' education and children's educational aspirations and achievements [J]. *Am Sociol Rev*, 1968, 33(2): 191 - 209.

[50] Telles, Edward E. Urban Labor Market Segmentation and Income in Brazil[J]. *Economic Development & Cultural Change*, 1993, 41(2): 231 - 249.

[51] Tobin J. Inflation and Unemployment[J]. *American Economic Review*, 1972, 62(1):1 - 18.

[52] Wachter M L, Gordon R A, Piore M J, et al. Primary and Secondary Labor Markets: A Critique of the Dual Approach[J]. *Brookings Papers on Economic Activity*, 1974, 1974(3):637 - 693.

[53] Wachter M L. A New Approach to the Equilibrium Labour Force [J]. *Economica*, 1974, 41(161): 35 - 51.

[54] Wan G, Lu M, Chen Z. The inequality - growth nexus in the short and long run: Empirical evidence from China[J]. *Journal of Comparative Economics*, 2006, 34(4):654 - 667.

[55] Webster E. The Rise of Intangible Capital and Labour Market Segmentation. [J]. *Australian Bulletin of Labour*, 2001, 27(4).

[56]柏培文，张伯超．工资差异与劳动力流动对经济的影响——以上市公司行业结构和产出为视角[J]．中国人口科学，2016(2)：47 - 60.

[57]边燕杰，张展新．市场化与收入分配——对 1988 年和 1995 年城市住户收入调查的分析[J]．中国社会科学，2002(5):97－111.

[58]蔡昉，王德文．劳动力市场扭曲对区域差距的影响[J]．中国社会科学，2001(2):4－14.

[59]曹淑江．我国高等教育成本与学费问题研究[J]．中国高教研究，2014(5):44－49.

[60]钞小静，沈坤荣．城乡收入差距、劳动力质量与中国经济增长[J]．经济研究，2014(6):30－43.

[61]陈广汉，曾奕，李军．劳动力市场分割理论的发展与辨析[J]．经济理论与经济管理，2006，V(2):25－30.

[62]陈宪，黄健柏．劳动力市场分割对农民工就业影响的机理分析[J]．生产力研究，2009,142(20):33－35.

[63]陈小强．中国转型期网络信息不确定性现象的社会学研究[D]．北京:中共中央党校，2015.

[64]陈晓宇．我国高等教育个人收益率研究[J]．高等教育研究，1998(6):33－37.

[65]陈依娜．我国知识失业问题的成因及对策分析[D]．首都经济贸易大学，2009.

[66]陈钊，陆铭，佐藤宏．谁进入了高收入行业？——关系、户籍与生产率的作用[J]．经济研究，2009(10):121－132.

[67]戴凤燕．高校扩招与国民受教育水平、教育不平等——基于双差分方法的政策评估[D]．北京:中国社会科学院研究生院，2012.

[68]邓峰，丁小浩．人力资本、劳动力市场分割与性别收入差距[J]．社会学研究，2012(5):24－46.

[69]邓曲恒．教育、收入增长与收入差距:中国农村的经验分析

[M]. 北京:汉语大词典出版社, 2009.

[70]丁小浩, 于洪霞, 余秋梅. 中国城镇居民各级教育收益率及其变化研究:2002—2009 年[J]. 北京大学教育评论, 2012, 10(3):73-84.

[71]都阳, John Giles. 城市劳动力市场上的就业冲击对家庭教育决策的影响[J]. 经济研究, 2006(4):58-67.

[72]范皑皑, 丁小浩. 谁的文凭贬值了——分割的劳动力市场视角下的过度教育问题研究[J]. 教育发展研究, 2013(17):7-14.

[73]范雷. 城市化进程中的劳动力市场分割[J]. 江苏社会科学, 2012(5):56-65.

[74]房国忠, 李巧巧. 基于人力资本投资视角的个人高等教育投资决策研究[J]. 中国人力资源开发, 2012(11):93-96.

[75]冯国有. 从大学生就业看高等教育投资风险[J]. 黑龙江高教研究, 2007(4):21-23.

[76]冯涛, 罗小伟, 刘浩. 劳动力市场扭曲与收入差距研究——基于行业进入壁垒强度视角[J]. 人文杂志, 2016(5):44-54.

[77]高原, 丁世青. 次要劳动力市场上大学生自愿性失业分析[J]. 学理论, 2012(8):103-104.

[78]葛玉好. 部门选择对工资性别差距的影响:1988—2001 年[J]. 经济学:季刊, 2007(2):607-628.

[79]龚玉霞, 李彦启. 基于劳动力市场分割理论的大学生就业困境分析研究[J]. 黑龙江高教研究, 2011(1):95-97.

[80]桂勇, 张广利. 求职网络的性别差异:以失业群体为例——兼论社会资本的中西差异[J]. 南京社会科学, 2003(7):53-61.

[81]郭丛斌, 丁小浩. 高等教育跨越职业代际效应的作用[J].

高等教育研究, 2004(4):24－28.

[82]郭丛斌, 丁小浩．中国劳动力市场分割中的行业代际效应及教育的作用[J]. 教育研究, 2005(1):34－40.

[83]郭丛斌,闵维方．中国城镇居民教育与收入代际流动的关系研究[J]. 中国教育学前沿, 2008(1):3－14.

[84]郭丛斌．二元制劳动力市场分割理论在中国的验证[J]. 教育与经济, 2004(3):43－49.

[85]郭丛斌．有关劳动力市场分割理论研究的文献述评[J]. 北大教育经济研究, 2004.

[86]国家人口和计划生育委员会流动人口服务管理司．中国流动人口发展报告[M]. 北京:中国人口出版社, 2012.

[87]哈罗德．R. 克博．社会分层与不平等[M]. 上海:上海人民出版社, 2012.

[88]何美珍．个人高等教育投资决策模型分析[J]. 金田, 2014(9).

[89]姜继红, 汪庆尧．社会资本与就业行为的实证研究[J]. 扬州大学学报(人文社会科学版), 2007, 11(6):70－74.

[90]教育部．重点大学农村学生比例为何上不去[J]. 教育院/系/研究所名录, 2015.

[91]金娟．我国农村义务教育阶段就近入学的公平问题研究[D]. 重庆:西南大学, 2016.

[92]晋利珍．国内外学者劳动力市场分割理论研究述评——兼论对研究反福利依赖的启示[J]. 生产力研究, 2011(1):206－209.

[93]赖德胜．分割的劳动力市场理论评述[J]. 经济学动态, 1996(11):65－67.

[94]赖德胜．教育、劳动力市场与收入分配[J]．经济研究，1998(5):42－49.

[95]赖德胜．教育扩展与收入不平等[J]．经济研究，1997(10):46－53.

[96]赖德胜．劳动力市场分割与大学毕业生失业[J]．北京师范大学学报(社会科学版)，2001(4):69－76.

[97]赖德胜．论劳动力市场的制度性分割[J]．经济科学，1996(6):19－23.

[98]乐志强，卢曼萍，周杨平．农村家庭高等教育投资决策影响因素实证研究——以江西省为例[J]．高等农业教育，2014(3):10－13.

[99]李春玲．当代中国社会的声望分层——职业声望与社会经济地位指数测量[J]．社会学研究，2005(2):74－102.

[100]李春玲．高等教育扩张与教育机会不平等——高校扩招的平等化效应考查[J]．社会学研究，2010(3):82－113.

[101]李春玲．社会政治变迁与教育机会不平等——家庭背景及制度因素对教育获得的影响(1940—2001)[J]．中国社会科学，2003(3):86－98.

[102]李锋亮，陈鑫磊．实物期权与教育个人投资收益——基于中国劳动力市场多重分割的视角[J]．教育发展研究，2013(21):6－12.

[103]李红．经济新常态下推动城乡一体化发展的策略[J]．农村经济与科技，2016，27(12):204－205.

[104]李宏彬，孟岭生，施新政，等．父母的政治资本如何影响大学生在劳动力市场中的表现？——基于中国高校应届毕业生就业调

查的经验研究[J]. 经济学:季刊, 2012, 11(2):1011 - 1026.

[105]李骏, 顾燕峰. 中国城市劳动力市场中的户籍分层[J]. 社会学研究, 2011(2):48 - 77.

[106]李強. 农民工与中国社会分层[M]. 北京:社会科学文献出版社,2012.

[107]李瑞青. 劳动力市场分割理论下的教育发展[J]. 沈阳大学学报(社会科学版), 2008, 12(5):36 - 38.

[108]李文利, 闵维方. 高校在校生私人教育支出及付费意愿研究[J]. 高等教育研究, 2002(3):42 - 46.

[109]李怡乐. 关于中国劳动力市场分割的政治经济学解读[J]. 科学经济社会, 2012, 30(2):64 - 68.

[110]李郁芳, 艾兴勇. 高校扩招改善了收入不平等吗? [J]. 产经评论, 2015(2):148 - 160.

[111]林峰. 劳动力在行业间的逆工资趋向转移——基于行政垄断与竞争两种类型行业间的博弈分析[J]. 徐州工程学院学报(社会科学版), 2016(1):59 - 68.

[112]林南. 社会资本:关于社会结构与行动的理论[M]. 上海人民出版社, 2005.

[113]刘精明. 扩招时期高等教育机会的地区差异研究[J]. 北京大学教育评论, 2007, 5(4):142 - 155.

[114]刘薇. 人力资本实物期权定价模型研究[D]. 长沙:长沙理工大学, 2012.

[115]刘文晓. 高等教育需求影响因素的国内外比较研究——兼论劳动力市场的信号功能"悖论"[J]. 煤炭高等教育, 2015(2):15 - 20.

[116]刘云杉，王志明，杨晓芳．精英的选拔：身份、地域与资本的视角——跨入北京大学的农家子弟（1978—2005）[J]．清华大学教育研究，2009，30（5）：42－59.

[117]刘泽云，邱牧远．中国农村工资性就业教育收益率的估计[J]．北京师范大学学报（社会科学版），2011（6）：79－90.

[118]刘泽云．上大学是有价值的投资吗——中国高等教育回报率的长期变动（1988—2007）[J]．北京大学教育评论，2015（4）：65－81.

[119]刘志坚．个人教育投资决策的期权方法[J]．统计与决策，2004（10）：50－51.

[120]龙翠红，王潇．中国代际收入流动性及传递机制研究[J]．华东师范大学学报（哲学社会科学版），2014（5）：156－183.

[121]娄世艳．就业特征对教育收益率的影响及其成因[J]．劳动经济评论，2009，02（1）.

[122]鲁振霞．大学生就业难的劳动力市场分割研究[D]．青岛：中国海洋大学，2009.

[123]罗楚亮，孟昕．高等教育机会不均与高中入学决策的城乡差异[J]．教育经济评论，2016（1）：90－111.

[124]罗楚亮．城镇居民教育收益率及其分布特征[J]．经济研究，2007（6）：119－130.

[125]罗立祝．高校招生考试制度对城乡子女高等教育入学机会差异的影响[J]．高等教育研究，2011（1）：32－41.

[126]罗润东，李煜鑫．国有部门与非国有部门的工资决定及差异变动[J]．山东大学学报（哲学社会科学版），2014（2）：20－32.

[127]罗润东．西方劳动力市场分割理论的兴起与发展[J]．经济社会体制比较，2008（5）：79－84.

[128]马东利. 二元劳动力市场分割结构下的大学毕业生失业问题研究[J]. 兰州交通大学学报, 2011, 30(2):73-75.

[129]马宁. 高等教育个人投资成本收益分析[D]. 西安:西安建筑科技大学, 2008.

[130]蒙大斌, 杨振兵. 劳动力市场分割加剧了工资扭曲吗?——来自中国省际工业部门的经验证据[J]. 财经论丛(浙江财经大学学报), 2016(9):10-17.

[131]孟捷, 李怡乐. 关于劳动力市场分割动因的三种解释——评述与拓展[J]. 当代财经, 2012(6):5-15.

[132]聂颖. 劳动力市场分割中的大学生就业问题[J]. 现代教育管理, 2010(1):119-121.

[133]宁光杰. 教育扩张能改善收入分配差距吗?——来自CHNS 2006年数据的证据[J]. 世界经济文汇, 2009(1):1-14.

[134]彭竞. 中国教育回报率的城市差异及原因分析[D]. 大连:东北财经大学, 2011.

[135]祁翔, 周金燕. 教育回报率的家庭背景差异[J]. 教育科学, 2015, 31(3):16-25.

[136]钱丽. 我国家庭高等教育投资决策研究[D]. 武汉:华中科技大学, 2007.

[137]钱智勇, 柏禄逊. 在分割的劳动力市场条件下教育的作用[J]. 劳动保障世界, 2009(8):87-89.

[138]钱智勇. 对教育的经济学分析[D]. 长春:吉林大学, 2006.

[139]乔锦忠. 优质高等教育入学机会分布的区域差异[J]. 北京师范大学学报(社会科学版), 2007(1):23-28.

[140]乔明睿, 钱雪亚, 姚先国. 劳动力市场分割、户口与城乡就

业差异[J]. 中国人口科学, 2009, 2009(1):32-41.

[141]曲斌, 黄璐. 我国低收入地区家庭的高等教育投资决策的选择——以内蒙古自治区为例[J]. 前沿, 2007(6):79-80.

[142]任晓. 个人高等教育投资决策行为分析[J]. 华东经济管理, 1998(hd):58-59.

[143]申涛. 北京市城镇居民收入差距的微观分析——对教育收益率的初步估计[C]. 纪念中国统计学会成立三十周年暨第十五次全国统计科学讨论会. 2009.

[144]舒强. 农民工家庭子女高等教育个人投资收益风险研究[D]. 重庆:西南大学, 2014.

[145]苏永照. 劳动力市场分割的自增强机制研究[J]. 商业研究, 2011(5):133-137.

[146]苏永照. 我国劳动力市场行政分割研究[D]. 广州:暨南大学, 2011.

[147]孙彪. 浅析我国劳动力市场分割及对就业的影响[D]. 长春:吉林大学, 2007.

[148]孙三百. 机会不平等、劳动力流动及其空间优化[D]. 北京:对外经济贸易大学, 2014.

[149]孙颖. 大学生就业意向:问题与原因[D]. 大连:东北财经大学, 2011.

[150]孙志军. 基于双胞胎数据的教育收益率估计[J]. 经济学:季刊, 2014, 13(2):1001-1020.

[151]陶东杰, 王军鹏, 张克中. 家庭规模、资源约束与子女教育分布——基于CFPS的实证研究[J]. 华中科技大学学报(社会科学版), 2017, 31(2):45-54.

[152]田永坡．劳动力市场分割与保留工资决定[J]．人口与经济，2010(5):20－26.

[153]万广华，刘飞，章元．资产视角下的贫困脆弱性分解:基于中国农户面板数据的经验分析[J]．中国农村经济，2014(4).

[154]万海远，李实．户籍歧视对城乡收入差距的影响[J]．经济研究，2013(9):43－55.

[155]王春超，叶琴．中国农民工多维贫困的演进——基于收入与教育维度的考察[J]．经济研究，2014(12):159－174.

[156]王海港，李实，刘京军．城镇居民教育收益率的地区差异及其解释[J]．经济研究，2007(8):73－81.

[157]王鹏．我国劳动力市场上工资收入差距的决定因素——基于夏普里值过程的回归方程分解[J]．财经研究，2012(2):39－48.

[158]王天夫，崔晓雄．行业是如何影响收入的——基于多层线性模型的分析[J]．中国社会科学，2010(5):165－180.

[159]王旭辉．中国区域人力资本非均衡配置的实证分析[J]．暨南学报(哲学社会科学版)，2012，34(3):77－82.

[160]魏颖．中国代际收入流动与收入不平等问题研究[M]．中国财政经济出版社，2009.

[161]文东茅．家庭背景对我国高等教育机会及毕业生就业的影响[J]．北京大学教育评论，2005，3(3):58－63.

[162]吴晓刚．1990—2000年中国的经济转型、学校扩招和教育不平等[J]．社会，2009，29(5):88－113.

[163]吴愈晓．劳动力市场分割、职业流动与城市劳动者经济地位获得的二元路径模式[J]．中国社会科学，2011(1):119－137.

[164]邢春冰，李实．扩招“大跃进”、教育机会与大学毕业生就

业[J]. 经济学:季刊, 2011, 10(4):1187-1208.

[165]熊倪娟, 赵东辉, 施祖麟. 经济人的理性选择与社会人的流动渠道——对“考研热”的经济学与社会学分析[J]. 清华大学教育研究, 2005, 26(2):47-54.

[166]徐平. 不同高校类型中农民阶层子女高等教育入学机会差异分析[J]. 高教探索, 2006(5):22-23.

[167]许祥云, 华婷. 我国家庭高等教育投资决策现状分析[J]. 高等农业教育, 2013(4):15-19.

[168]亚当·斯密. 国富论(上卷)[M]. 北京:商务印书馆, 2014.

[169]杨娟, 孟大虎, 岳昌君. 高等教育投资风险和收益的实证研究[J]. 中国人民大学教育学刊, 2011(1):80-90.

[170]杨娟. 不确定条件下的最优教育选择——基于期权模型的实证研究[J]. 北京师范大学学报(社会科学版), 2008(4):117-128.

[171]杨茗. 我国劳动力市场分割影响经济增长的传导机制研究[D]. 天津:天津财经大学, 2016.

[172]杨奇明, 林坚. 教育扩张是否足以实现教育公平?——兼论20世纪末高等教育改革对教育公平的影响[J]. 管理世界, 2014(8):55-67.

[173]杨汝岱, 陈斌开. 高等教育改革、预防性储蓄与居民消费行为[J]. 经济研究, 2009(8):113-124.

[174]杨瑞龙, 王宇锋, 刘和旺. 父亲政治身份、政治关系和子女收入[J]. 经济学:季刊, 2010, 9(3):871-890.

[175]杨新铭, 王博. 个体、部门与家庭特征对城镇人力资本的影响[J]. 财经研究, 2009, 35(10):4-13.

[176]姚白羽. 对过度教育成因的一个解释——分割劳动力市场的视角[J]. 世界经济情况, 2008(11):61-65.

[177]姚先国, 黎煦. 劳动力市场分割:一个文献综述[J]. 渤海大学学报(哲学社会科学版), 2005, 27(1):78-83.

[178]姚先国, 乔明睿, 来君. 城乡劳动力流动模式的影响因素分析——基于杭州市外来务工人员的调查[J]. 重庆大学学报(社会科学版), 2009, 15(1):14-19.

[179]姚先国, 叶环宝, 钱雪亚,等. 公民身份与机会平等:基于"农转非"劳动者的就业机会研究[J]. 社会科学战线, 2016(8):50-59.

[180]尤小文. 农户:一个概念的探讨[J]. 中国农村观察,1999(5): 17-20.

[181]于洋. 人力资本投资中的教育选择模型[J]. 统计研究, 2014, 31(2):81-84.

[182]余向华, 陈雪娟. 中国劳动力市场的户籍分割效应及其变迁——工资差异与机会差异双重视角下的实证研究[J]. 经济研究, 2012(12):97-110.

[183]约翰·穆勒. 政治经济学原理及其在社会哲学上的若干应用[M]. 胡企林、朱泱译,北京:商务印书馆,1991.

[184]岳意定, 王小兵. 助学贷款风险的社会化承担机制[J]. 系统工程, 2011(5):80-84.

[185]张车伟. 人力资本回报率变化与收入差距:"马太效应"及其政策含义[J]. 经济研究, 2006(12):59-70.

[186]张春泥. 农民工为何频繁变换工作 户籍制度下农民工的工作流动研究[J]. 社会, 2011, 31(6):153-177.

[187]张凡永，陈方红，许祥云．接受抑或放弃:双因素视角下农村家庭高等教育选择的理性分析[J]．高等农业教育，2014(12):20－23.

[188]张杰，张建武．我国城镇劳动力市场行业分割的测度——基于CHIPS数据的经验研究[J]．求索，2014(5):95－100.

[189]张金麟．个人(家庭)人力资本投资的均衡分析[J]．经济问题探索，2001(9):90－92.

[190]张盛强．高等学校学生教育投资风险偏好的调查研究[D]．苏州:苏州大学，2013.

[191]张世伟，吕世斌．家庭教育背景对个人教育回报和收入的影响[J]．人口学刊，2008(3):49－53.

[192]张学高，扶涛，薛勇军．个人教育投资的成本与收益实证分析[J]．印度洋经济体研究，2008(3):69－73.

[193]张学军．农村家庭高等教育投资决策研究[D]．咸阳:西北农林科技大学，2008.

[194]张义博，付明卫．市场化改革对居民收入差距的影响:基于社会阶层视角的分析[J]．世界经济，2011(3):127－144.

[195]张永丽，杨志权．劳动力市场分割对农村流动劳动力收入水平的影响——来自甘肃省十个样本村的调查与分析[J]．西北人口，2008，29(2):22－26.

[196]张玉婷．从结构到文化——家庭背景与高等教育升学研究述评[J]．复旦教育论坛，2011,9(6):45－49.

[197]张岳伦．大学生选择性失业的归因分析——从二元制劳动力市场分割理论的视角[J]．高等工程教育研究，2009(3):70－73.

[198]张昭时，钱雪亚．城乡分割、工资差异与就业机会不平等——基于五省城镇住户调查数据的经验研究[J]．中国人口科学，

2011(3):34 - 41.

[199]张昭时，钱雪亚．劳动力市场分割理论:理论背景及其演化[J]．重庆大学学报(社会科学版)，2009，15(6):57 - 62.

[200]章莉，李实，William A. Darity Jr，等．中国劳动力市场就业机会的户籍歧视及其变化趋势[J]．财经研究，2016，42(1):4 - 16.

[201]赵奇伟，熊性美．中国三大市场分割程度的比较分析:时间走势与区域差异[J]．世界经济，2009(6):41 - 53.

[202]赵卫锋．劳动力市场的二元分割制度下家庭高等教育投资决策模型分析[J]．高等教育研究:成都，2008(4):17 - 19.

[203]赵西亮，朱喜．城镇居民的大学教育收益率估计:倾向指数匹配方法[J]．南方经济，2009(11):45 - 56.

[204]赵修渝，陈杰．劳动力市场分割理论与我国教育相对过剩[J]．重庆社会科学，2005(7):20 - 22.

[205]中国社会科学院语言研究所词典编辑室．现代汉语词典[M]．北京:商务印书馆，1983：1581.

[206]钟宇平，陆根书．高等教育成本回收对公平的影响[J]．北京大学教育评论，2003，1(2):52 - 64.

[207]佐藤宏，李实．中国农村地区的家庭成分、家庭文化和教育[J]．经济学:季刊，2008，7(3):1105 - 1130.

致　谢

在经历了"山重水复疑无路"的彷徨与"柳暗花明又一村"的欣喜之后，在回顾接近8年的博士生涯，落笔写致谢的此时，我的心情是复杂的，有如释重负和踌躇满志，更有感铭心切与依依不舍。

不知不觉间，已经到了博士研究生的第8个年头。在这漫长而短暂的8年里，我最大的收获，并非学业上的增益，而是良师益友的相与之情。

感谢我的恩师，张卫东教授。能成为张门一员，实乃三生有幸。张卫东先生卓尔不群，智慧而慈悲，虽洞察世事，仍心若赤子，他传授给我的不仅有经济学专业的知识，更有面对人生的哲学。犹记得2010年考博之后，在西安开往郑州的火车上，收到素未谋面的先生告知成绩的短信；犹记得每次学术例会、同门相聚，亦父亦兄的先生的谆谆教导；犹记得西一操场散步，先生一次次对时事智慧的分析……高山仰止，景行行止。虽不能至，然心向往之。先生的一言一行，皆是我以后做人、治学的标杆。

同样还要郑重感谢的是范红忠教授、宋德勇教授、汪小勤教授、王少平教授、徐长生教授、杨继生教授、张建华教授等经济学院的诸位老师们，以及我的经济学启蒙老师霍彦立老师，给了我莫大帮助的王长城老师、蒋文丽老师。人生是一场修行，生命充满奇遇，能遇到各位良师，是我莫大的幸运。

感谢我的同门王丹、孔慧芳，是你们在我心生退缩之时，不断鼓励；感谢晓东，在计量方面给予我支持；感谢夏蕾、曾令，在生活方面给予我帮助；感谢潘丽芳，感谢春华，喻家山上、羽毛球馆里留下了我们运动的汗水；感谢李华，最艰难的一段，我们相互扶持。感谢大千、罗赛、郭晨、姚娟、李丽、王倩……感谢张门每一位兄弟姐妹，一路上有你们，真好！也相信我们的友谊会如好酒历久弥香！

最后，我要郑重感谢我的家人，没有你们的支持与鼓励，意志薄弱的我，恐怕早就铩羽而归。感谢父亲、母亲，是你们虽年近古稀，仍无怨无悔帮我照顾好小宝，使我能专注于学业；感谢我的丈夫，求学路上，你给了我无尽的帮助和包容；感谢我的宝贝，你虽年幼，但仍懂事地不吵不闹，支持妈妈完成论文，每次离开家门时你失落的眼神也是妈妈前进的动力。

在这 8 年中，我在“经常性忐忑不安与间歇性踌躇满志”之间不断变换，是先生“不抛弃、不放弃”的拉力与丈夫“胡萝卜加大棒”的推力共同帮助我走完这一艰难历程。8 年的博士生涯即将结束，新的征程即将开启。无论将来身在何处，“1037 号森林”中的经历都是我将珍藏一生的丰厚财富。

2019 年 3 月